angehört oder einen Teil des Meeres bildet."

Ihre Macht hielt sich jedoch nur bis Mitte des 11. Jahrhunderts als Haithabu schließlich zerstört wurde. Eine andere machtvolle Handelsallianz begann sich zu bilden: die Hanse. Dem regionalen Verband der Kaufleute schlossen sich vom 11. bis ins 17. Jahrhundert fast 200 Städte im Ostseeraum und an der Nordsee an, bis weit hinein ins Binnenland. Lübeck als alte Hanse- und Kaufmannsstadt spielte damals eine herausragende Rolle und ist heute das Ziel vieler Schleswig-Holstein-Touristen – die Altstadt mit dem berühmten Holstentor gehört seit 1987 zum Weltkulturerbe der Unesco.

Tee gehört zu Norddeutschland wie Ebbe und Flut an der Nordsee. Beim Teetrinken – hierzulande auch gerne mit einem Schuss Rum – und dem norddeutsch-friesischen „Klönschnack" lässt sich noch immer hervorragend Handel treiben: früher mit Heringen, Salz, Gewürzen, Rum, Tee und Kaffee, heute noch mit Getreide, Raps, Mais, Rindern, Schafen und Krabben. Und nicht zu vergessen, mit Kohlköpfen: Dithmarschen ist mit alljährlich 80 Millionen geernteten Kohlköpfen das größte zusammenhängende Kohlanbaugebiet Europas! Bis heute ist Schleswig-Holstein ländlich geprägt, bis auf die Städte Kiel (Landeshauptstadt), Flensburg und Lübeck.

Wie der Tee ursprünglich nach Norddeutschland kam, ist durchaus erwähnenswert und typisch für die Bewohner und ihre kleinen Marotten: Im Jahre 1735 strandete vor der Insel Amrum ein Tee-Frachter aus Asien bevor er sein Ziel, den dänischen Königshof, erreichen konnte. Die Amrumer schleppten das „Strandgut", die Teekisten, als rechtmäßige Finder und Besitzer in ihre Häuser. Die getrockneten Teeblätter hielten die Insulaner offenbar für eine Art Grünkohl, die norddeutsche Leib- und Magenspeise. Kurzerhand warf man die Teeblätter in kochendes Wasser, servierte das Ganze wie üblich mit Schweinebacke und Rauchfleisch. Es war freilich nicht zu genießen. Erst viel später zeigte ein asienerfahrener Seefahrer den Friesen, wie der vermeintliche Grünkohl wirklich zubereitet wird.

dominant force in the region till the mid 11th century, when Haithabu was destroyed. Then a further powerful trade alliance arose: the Hanseatic League. Between the 11th and 17th centuries, this regional association of merchants expanded to include almost 200 towns round the Baltic and the North Sea, many far inland, Lübeck, as a time honoured mercantile centre and Hanseatic town, played a crucial role at that time. Today it is a popular holiday destination for visitors to Schleswig Holstein, and since 1987, the Old Town, with its famous Holstentor, has been a Unesco World Heritage Site.

Tea is as much a part of life in North Germany as ebb and flow are to the North Sea. Much of the best business is done over a cup of tea – popularly drunk with a dash of rum in these parts – and a chat. At one time trade was in herrings, salt, spices, rum, tea and coffee; these days we can add cereals, rape, maize, beef cattle, sheep, prawns – and of course cabbages. Dithmarschen, with 80 million cabbages harvested annually, is the Europe's largest continuous cabbage growing area. Even today, Schleswig Holstein is predominantly rural, apart from the state capital of Kiel and the towns of Flensburg und Lübeck.

The story of how tea originally arrived in North Germany is worth telling and typical of the quirky ways of the local people. In 1735, a tea boat from Asia whose wares were en route to the Danish court ran aground off the isle of Amrum. The cargo washed ashore was salvaged by the islanders, as rightful finders and owners, but thinking the dried tea leaves were a kind of curly kale, their favourite dish, they threw the leaves in boiling water and served them up as usual with pork cheeks and salted meat. The result was of course unpalatable. Not till long afterwards did a well travelled seaman show the Frisians how to prepare the dried leaves. Connoisseurs order their tea with a "Kluntje", a lump of crystal sugar, and a spoonful of whipped cream on top – and only the uninitiated stir it before drinking!

Une autre alliance commerçante puissante vit le jour : la Hanse. D'abord régionale, l'association regroupa entre les XIe et XVIIe siècles près de 200 cités marchandes dans l'espace Baltique et de la mer du Nord. Lübeck, une des villes fondatrices de la Hanse jouait alors un rôle primordial et est aujourd'hui un des endroits touristiques les plus visités du Schleswig-Holstein ; sa Vieille-ville (Altstadt) avec la célèbre porte dite Holstentor est inscrite depuis 1987 au patrimoine mondial de l'Unesco.

Le thé est aussi inhérent à la mer du Nord que les marées. La tasse de thé, souvent arrosé d'une bonne rasade de rhum, accompagne toute réunion privée, mais aussi professionnelle : comme autrefois le commerce des harengs, du sel, des épices, du rhum, du thé et du café, et aujourd'hui des céréales, du colza, du maïs, des bœufs, des moutons et des crevettes. Sans oublier les choux : Dithmarschen qui produit annuellement 80 millions de têtes de choux est la plus grande étendue de culture du choux d'un seul tenant en Europe ! Jusqu'à aujourd'hui, le Schleswig-Holstein est une région rurale jusqu'aux portes de Kiel, la capitale du Land, de Flensburg et de Lübeck.

L'histoire de l'arrivée du thé dans le nord de l'Allemagne vaut d'être racontée, surtout parce qu'elle témoigne de la mentalité de la souche d'hommes du nord : en 1735, un navire transportant du thé d'Asie à la cour du roi danois échoua devant l'île Amrum. Les insulaires transportèrent les caisses de thé trouvées sur le rivage chez eux. Ils prirent les feuilles de thé séché pour une sorte de chou vert frisé, leur légume habituel. Aussi, sans plus attendre, ils firent cuire les feuilles dans de l'eau bouillante et les servirent avec de beaux morceaux de porc et du lard fumé selon leur habitude. Le légume était bien sûr immangeable. Bien plus tard, un marin qui revenait d'Asie montra aux Frisons comment préparer les feuilles qu'ils avaient prises pour du chou vert.

CONCORDIA DOMI FORIS PAX
HEICK & SCHMALTZ

Ihre Glanzzeit erlebte die Handelsstadt um 1500, als sich fast 200 Städte der „Deutschen Hanse" angeschlossen hatten – ein altgermanisches Wort, das so viel wie „bewaffnete Gruppe" bedeutet. Zweifellos waren die Sitten damals rau und die Wegelagerer und Piraten zahlreich. Die Stadt an der Trave lag also nicht nur für seefahrende Kaufleute verkehrsgünstig: Hier verliefen die Handelsrouten nach Skandinavien und ins Baltikum – an der Salzstraße sowie am Heer- und Ochsenweg bei Hamburg. Im Museumshafen sind alte Koggen und berühmte Traditionssegler zu bewundern.

The heyday of this trading centre came around 1500, when the commercial alliance of the Hanseatic League included about 200 towns – Hanse being an old Germanic word meaning "armed group". From here, trade routes ran to Scandinavia and the Baltic, to the Salt Route and the military and drovers' road near Hamburg. Lübeck on the Trave was not only a convenient location for seafaring merchants, for in those undoubtedly rough times, pirates and highwaymen flourished here too. In the museum harbour, visitors can admire old cogs and famous sailing ships.

La ville hanséatique vécut son âge d'or vers 1500 lorsque près de 200 cités faisaient partie de la « Hanse allemande » ; ce terme de l'ancien germanique signifie à peu près « groupe armé ». Il est vrai que les mœurs étaient très rudes à l'époque, et les pirates et brigands nombreux. La ville sur la Trave avait une situation géographique favorable pour la marine marchande : les routes de commerce vers la Scandinavie et les régions baltiques, la route du sel, la piste des armées et des bestiaux venant de la direction de Hambourg se croisaient toutes ici.

Wer noch weiteres maritimes Flair schnuppern möchte, sollte das Haus der Schiffergesellschaft in der Breiten Straße besuchen: „Die klassischste Kneipe der Welt" – so nennt sich das Fischlokal heute. Immerhin ist das Backsteinhaus mit dem wunderschönen Staffelgiebel aus 1535 das einzig noch erhaltene Gildehaus. In der Historischen Halle haben schon vor Jahrhunderten die Seeleute an den langen Tischen aus Schiffsplanken „Seemannsgarn" gesponnen und über ihnen hingen, wie heute noch, die alten Schiffsmodelle an der rustikalen Balkendecke.

If you want to absorb more of Lübeck's maritime flair, a visit to the Schiffergesellschaft in Breite Strasse is a must. Today, this fish restaurant vaunts itself as the world's most classical example of a tavern. Certainly this grand brick house of 1535, with its wonderful stepped gabling, is the only surviving guild house. Centuries ago, sailors would sit in its historic hall at long refectory tables made of ship's planking and spin their seaman's yarns, while above them, as today, old models of ships hung from the rustic beams of the ceiling.

Ancienne capitainerie, le « Haus der Schiffergesellschaft » dans la rue Breite Straße vaut une visite : Le restaurant à poisson s'enorgueillit d'être « la brasserie la plus traditionnelle du monde ». Il est vrai que l'édifice en brique surmonté de superbes pignons, bâti en 1535, est l'unique maison de guilde conservée jusqu'à aujourd'hui. Il y a des siècles, les marins évoquaient déjà leurs périples, assis aux longues tables en planches de bordage, avec au-dessus de leurs têtes les maquettes de bateaux accrochées aux poutres du plafond.

LÜBECK, Buddenbrook-Haus

„Die Buddenbrooks" – keiner hat die Lübecker Handelszunft und ihre Patrizierfamilien besser beschrieben als dieser 1901 erschienene Roman Thomas Manns, selbst Sohn eines Großkaufmanns. Einer der Schauplätze ist das gleichnamige Haus mit der eleganten Rokoko-Fassade, in der die Großeltern von Thomas Mann lebten (Mengstraße 4). — Das 1286 erbaute Heiligen-Geist-Hospital am Koberg in Lübeck ist eine der ältesten Sozialeinrichtungen der Welt und eines der bedeutendsten Bauwerke der Stadt. In dem mittelalterlichen Gemäuer findet heute jedes Jahr an elf Tagen ein Weihnachtsmarkt statt.

LÜBECK, Buddenbrook House

There is no better account of Lübeck's mercantile society and patrician families than in "Buddenbrooks", Thomas Mann's first novel of 1901. Mann was the son of a wealthy merchant, and the book's main scene of action, the Buddenbrook house, is based on the home of his grandparents in Mengstrasse, whose elegant Rococo façade you see here. — The Heiligen Geist Hospital of 1286 on Koberg is one of the world's oldest social institutions and one of the town's most important buildings. Today, an annual 11 day Christmas Market is held within its medieval walls.

LÜBECK, maison Buddenbrook

« Les Buddenbrooks » - la guilde des marchands de Lübeck avec ses familles patriciennes n'a jamais été aussi bien décrite que dans le roman publié en 1901 par Thomas Mann, lui-même fils de négociant. Un des théâtres du roman est l'élégante maison de style baroque des grands-parents de l'écrivain. — Bâti en 1286, l'hospice du Saint-Esprit sur le Koberg à Lübeck est une des plus anciennes œuvres charitables du monde et un édifice historique majeur de la ville. Un marché de Noël se déroule annuellement pendant onze jours entre ses murs médiévaux.

LÜBECK; Weihnachtsmarkt im Heiligen-Geist-Hospital

Wie Lübeck mit dem Buddenbrook-Roman, so kann auch der Vorort Travemünde sich literarischer Berühmtheit rühmen: Das Casino diente als Vorlage für Dostojewskijs Roman „Der Spieler". Auch die Familie Mann tummelte sich hier am Strand und auf der Uferpromenade. Blickfang ist heute eindeutig das Fünf-Sterne-Hochhaushotel „Maritim". Doch das Seebad besitzt eine bereits mehr als 200-jährige Tradition: 1889 fand das erste Mal die Travemünder Woche statt – heute die zweitgrößte Segelsportveranstaltung der Welt mit hunderttausenden Besuchern.

If Lübeck can boast a famous literary heritage with the novel "Buddenbrooks", the suburb of Travemünde follows suit, for its casino served as the setting for Dostoevsky's novel "The Gambler". The beach and strand promenade were once favourite spots of the Mann family. The town can look back on over 200 years of tradition, but the most striking landmark today is surely the five star Maritim Hotel skyscraper. The first Travemünde Week took place in 1889 and is now the second largest yachting event in the world, with hundreds of thousands of visitors.

Comme Lübeck avec le roman des Buddenbrooks, Travemünde a également son œuvre littéraire célèbre : le casino est le théâtre du roman « le Joueur » de Dostoïevski. La famille Mann fréquentait également la plage et la promenade du bord de mer de la station balnéaire, aujourd'hui dominée par l'hôtel cinq étoiles « Maritim ». Il y a plus de 200 ans, en 1889, s'y déroulait pour la première fois la «Travemünder Woche », aujourd'hui la deuxième course de voiliers du monde, qui attire des centaines de milliers de spectateurs.

Wer nicht mit dem Dampfer vom Ostpreußenkai zu anderen Ostsee-Badeorten „in See stechen" will, den lockt der Strand Travemündes, mit einem der breitesten Strände an der Ostsee. Das „Columbia Hotel-Casino" ist ein beliebter Treffpunkt für Stammgäste bei Roulette und Black Jack – und das schon seit 1822, als die Spielhalle ihre Pforten öffnete. Die neuesten Attraktionen „Sand World" und „Ice World" ziehen vor allem junges Publikum nach Travemünde: Im Sommer bauen Künstler Skulpturen aus Sand, im Winter in der Halle aus Eis.

Unless you decide to take the steamer from Ostpreussen Quay and depart for another Baltic resort, then you will certainly make for Travemünde beach, one of the widest in the whole Baltic. A popular meeting point is the Columbia Hotel casino, where patrons have tried their luck at games such as Roulette and Black Jack since 1822, the year when the casino first opened. The latest tourist attractions such as "Sand World" and "Ice World" generally draw a younger public to Travemünde. In summer, artists build sand sculptures, in winter indoor ice sculptures.

La plage de Travemünde, une des plus vastes de la Baltique, est une alternative à une croisière en bateau à vapeur, départ au quai « Ostpreussenkai », vers les autres stations balnéaires de la côte Baltique. Depuis 1822, année de son inauguration, le « Columbia Hotel-Casino » a toujours sa clientèle d'habitués aux tables de roulette et de black-jack. Les dernières attractions « Sand World » et « Ice World » attirent surtout un public jeune : des artistes réalisent des sculptures de sable en été, et de glace en hiver dans la Halle.

Sechs Kilometer weißer Sand und 5.000 Strandkörbe warten am Timmendorfer Strand auf Badenixen und Sonnenanbeter. Alljährlich im September wird es voll und laut: bei den Endspielen der Deutschen Meisterschaften im Beachvolleyball. Rund 50.000 Besucher, lauter schöne Menschen, inklusive 24 Stunden Partystimmung an der Seebrücke. Wem der Sinn mehr nach stiller (prähistorischer) Kultur steht, sollte sich nach Ratekau zur 850 Jahre alten romanischen Feldsteinkirche aufmachen. Und ganz in der Nähe liegt ein wieder aufgebautes Megalithgrab aus der Jungsteinzeit.

Six kilometres of white sand and 5,000 wicker roofed beach chairs await the bathing beauties and sun worshippers on Timmendorf beach. Every year in September, Timmendorf becomes crowded and noisy when the finals of the German Beach Volleyball Championships are held, and around 50,000 good looking young people turn up to enjoy the round the clock party atmosphere on the pier. If you are attracted to more peaceful forms of culture, then take a trip to the 850 year old Romanesque stone church of Ratekau and the rebuilt Early Stone Age megalith tomb nearby.

Six kilomètres de sable blanc et 5 000 sièges-corbeilles attendent les estivants à la plage appelée Timmendorfer Strand. Tous les ans en septembre se déroule la finale des championnats allemands de beach-volley. Quelque 50 000 visiteurs fêtent pendant 24 heures dans une ambiance décontractée sur le Seebrücke. Beaucoup plus calme est la visite de Ratekau qui abrite une belle église romane de 850 ans, et à proximité, un tombeau mégalithique reconstitué, de l'âge de la pierre.

Nur einen Katzensprung vom Timmendorfer Strand entfernt liegt das idyllische Niendorf an der Mündung der Aalbek: In dem Seebad, das eher Familien bevorzugen, hat Deutschlands erste Beachvolleyballschule 2004 eröffnet. Für Abwechslung sorgt der Vogelpark mit seinen 350 Vogelarten, darunter die größte Eulensammlung Europas. Gleich nebenan am Fischereihafen kann man am Morgen Frischfisch direkt vom bunten Kutter kaufen. Oder man nimmt von hier eines der Ausflugsschiffe, die nach Boltenhagen oder in andere Seebäder in der Lübecker Bucht auslaufen.

Only a stone's throw away from Timmendorf beach stands the idyllic village of Niendorf, at the mouth of the Aalbek. It's a popular family resort, and Germany's first beach volleyball school opened here in 2004. By way of variety, there is an ornithological park with 350 different kinds of birds, including the largest owl collection in Europe. Nearby, in the fishing harbour, you can purchase fresh fish directly from the colourful cutters in the mornings, or take one of the pleasure boats that sail to Boltenhagen and to other resorts in the Bay of Lübeck.

À deux pas du Timmendorfer Strand se trouve la localité idyllique de Niendorf, à l'embouchure de l'Aalbek : cette station balnéaire plutôt familiale abrite la première école allemande de beach-volley ouverte en 2004. 350 espèces d'oiseaux, dont la plus grande diversité de hiboux en Europe, vivent dans le Vogelpark. Juste à côté, au port de pêche, on peut tous les matins acheter du poisson tout frais débarqué, ou prendre un des bateaux de croisière qui emmènent vers Boltenhagen ou d'autres stations balnéaires de la baie de Lübeck.

Südwärts führt die Reise durch die seen- und waldreiche Landschaft nach Ratzeburg, der Domstadt im Naturpark Lauenburgische Seen. Auf einer Insel auf dem Ratzeburger See schwimmt die schöne Altstadt, dominiert vom mächtigen Dom, den Heinrich der Löwe bis 1220 errichten ließ. — Ebenfalls malerisch ist das Städtchen Mölln, bekannt durch die Späße seines bekanntesten und legendären Bewohners aus dem 14. Jh.: Till Eulenspiegel. Er ist als Bronzefigur auf dem Marktplatz verewigt. Reiben Sie seinen Daumen – das bringt Glück, sagen die Möllner.

Our journey continues south through a landscape of lakes and woodlands and on to Ratzeburg, the cathedral city in the Lauenburg Lakes Nature Park. The Old Town stands on an island in Lake Ratzeburg and is dominated by Henry the Lion's mighty cathedral, completed in 1220. — Equally picturesque is the little town of Mölln, best known for its most famous resident, the legendary Till Eulenspiegel, who lived in the 14th century and is immortalized in a bronze figure in the market place. According to a local custom, rubbing his thumbs will bring you good luck.

Vers le sud, le périple se poursuit à travers un paysage de bois et de lacs jusqu'à Ratzeburg, ancienne ville épiscopale dans le parc naturel de Lauenburgische Seen. Sur une presqu'île du lac de Ratzeburg se dresse la pittoresque vieille-ville (Altstadt) dominée par l'imposante cathédrale bâtie sous Henri le Lion et terminée en 1220. — Agréable petite ville, Mölln est le berceau de Till Eulenspiegel, célèbre personnage burlesque allemand qui y vécut au XIVe siècle. Il paraît que frotter les pouces de sa statue en bronze, sur la place du marché, porte bonheur.

Wesseller Mühle in Alt-Mölln

Mölln liegt heute am Elbe-Lübeck-Kanal und zieht viele Besucher auch als Kurgäste an. Die 1194 erstmals urkundlich erwähnte Stadt beherbergt in ihrem herrlichen mittelalterlichen Stadtkern die romanisch-gotische Kirche St. Nicolai (Anfang des 13. Jh.) und das gotische Rathaus aus dem Jahr 1373. Etwas jünger ist die wieder aufgebaute Wesseler Windmühle jenseits des Kanals in Alt-Mölln, die auch im Stadtwappen dargestellt ist: Heute finden hier Hochzeiten, Ausstellungen und Grillfeste statt.

Wesseler mill at Alt Mölln

Present day Mölln is situated on the Elbe Lübeck canal and attracts many visitors and spa guests. The earliest documentary evidence of Mölln dates from 1194. Among the sights of its splendid medieval town centre are the Romanesque Gothic church of St Nicolai (at the beginning of the 13. century) and the Gothic Town Hall of 1373. A more recent addition to the list is the Wesseler windmill at Alt Mölln, on the far side of the canal. It is depicted in the town's coat of arms, and today makes a popular setting for weddings, exhibitions and barbecues.

Wesseler moulin à vent

Mölln s'étend aujourd'hui sur le canal Elbe-Lübeck et attire de nombreux estivants. Mentionnée pour la première fois par écrit en 1194, la ville abrite un superbe quartier historique médiéval dominé par l'église Saint-Nicolas, bâtie à partir du XIIIe siècle, et l'hôtel de ville gothique de 1373. De l'autre côté du canal, le Wesseler moulin à vent reconstruit d'Alt-Mölln est plus récent. Il figure dans les armes de la ville. Aujourd'hui, il sert à divers événements tels mariages, expositions et fêtes municipales.

Eine Zeitreise in den Barock kann der Besucher von Schloss Wotersen vor Hamburg unternehmen: Er wandelt auf den Spuren von Andreas Gottlieb Freiherr von Bernstorff, dem Begründer des dreiflügeligen Anwesens aus dem Jahr 1721. Dem Besucher mag das Schloss durchaus bekannt vorkommen: Es spielte in der ZDF-Serie „Das Erbe der Guldenburgs" eine Hauptrolle. Heutzutage öffnen sich die Pforten von Schloss Wotersen für Messen und Tagungen, Weihnachtsmärkte und Festivals, Konzerte und Kunstausstellungen.

Schloss Wotersen, near Hamburg, takes visitors on a journey back to the age of the Baroque and the life and times of Baron Andreas Gottlieb Bernstorff, who built this fine three winged palace in 1721. The building may be an unexpectedly familiar sight for German readers, for it played a central role in a German TV series entitled "Die Erbe der Guldenburgs". Today Schloss Wotersen is a popular venue for trade fairs and conferences, Christmas markets, festivals, concerts and art exhibitions.

Le château de Wotersen devant Hambourg emmène le visiteur à l'époque du baroque, sur les traces du baron Andreas Gottlieb von Bernstorff, qui fit construire l'édifice rococo à trois ailes en 1721. Le château servit de théâtre à une série télévisée allemande « l'héritage des Guldenburg » qui connut un grand succès. Aujourd'hui, Wotersen est ouvert au public pour divers événements : Salons et séminaires, marchés de Noël et festivals, expositions et concerts.

Weit im Hinterland und doch voller Schifferatmosphäre ist Lauenburg an der Elbe, die südlichste Stadt Schleswig-Holsteins, mit ihren engen kurvigen Gassen und hübschen Fachwerkhäusern. Im Mittelalter herrschte hier auf dem Land und zu Wasser ein reger Handelsverkehr, die Lauenburger lebten vor allem von der Elbschifffahrt. Das mehr als 700 Jahre alte Schifferstädtchen besitzt mit der 1725 erbauten Palmschleuse eine der ältesten Kammerschleusen Europas. Und mit dem historischen Raddampfer „Kaiser Wilhelm" kann man zu einer Elbfahrt aufbrechen.

Though Lauenburg on the Elbe is situated well into the coastal hinterland, it possesses a distinct maritime atmosphere. In the centre of this southernmost town of Schlwesig Holstein you will find narrow winding lanes and pretty timber framed houses. Lauenburg is over 700 years old, and in the Middle Ages was a busy commercial centre both on land and on water, as its main source of income derived from Elbe shipping. The "Palmschleuse" is one of Europe's oldest pound locks. For a trip on the Elbe, board the "Kaiser Wilhelm", a historic paddle steamer.

Très à l'intérieur des terres, et pourtant offrant une atmosphère de port avec son lacis de ruelles étroites et ses maisons à colombages, Lauenburg sur l'Elbe est la commune la plus au sud du Schleswig-Holstein. Sur l'eau et sur terre, une activité commerciale très animée régnait ici au Moyen Âge ; les habitants vivaient surtout de la navigation marchande sur l'Elbe. Fondée il y a plus de 700 ans, Lauenburg abrite une des plus anciennes écluses à sas d'Europe, aménagée en 1725. Le bateau à aubes historique « Kaiser Wilhelm » emmène en croisière sur l'Elbe.

Kurz vor den Toren Hamburgs immer der Elbe nordwestwärts folgend erreichen wir Geesthacht: Einst war das Städtchen ein beliebtes Ausflugsziel für die Hamburger, davon zeugen noch heute die imposanten Bauten im Stile der Gründerzeit, wie das Hotel Stadt Hamburg, Sitz des Schützenvereins, oder das heutige Polizeigebäude. Die lange geplante Brücke über Schleusenkanal und Elbe wurde 1966 eingeweiht. Unübersehbar thront das Kernkraftwerk Krümmel seit 1984 am hiesigen Elbufer.

Having reached the outskirts of Hamburg, we follow the Elbe in a north westerly direction to Geesthacht. The people of Hamburg once regarded this town as a pleasant destination for excursions, and many imposing late 19th century buildings remain to bear witness to this bygone age – the Hotel Stadt Hamburg, for instance, the seat of the shooting association, and the police station. The long planned bridge over the canal and the Elbe was opened in 1966. On the river bank, the Krümmel nuclear power plant has been a distinctive landmark since 1984.

Peu avant les portes de Hambourg, en suivant l'Elbe direction nord-ouest, on atteint Geesthacht, but d'excursion autrefois très prisé des Hambourgeois, ainsi qu'en témoignent quelques imposants édifices de l'époque « Gründerzeit » (XIXe siécle) tels que l'Hôtel Stadt Hamburg, siège de l'Association des chasseurs, et l'édifice abritant aujourd'hui le commissariat. Le long pont franchissant le canal à écluses et l'Elbe a été inauguré en 1966. La centrale nucléaire de Krümmel trône depuis 1984 sur une rive de l'Elbe.

Seit fast 500 Jahren nennt sich die Region im Südwesten von Hamburg „Vierlande": Vier wohlhabende Marschdörfer wuchsen hier allmählich zusammen und bildeten einen Deichverband. — In Curslack bezaubert die etwa 400 Jahre alte St. Johannis-Fachwerkkirche, und historische Bauernhöfe (wie das Rieckhaus, heute ein Museum) und die Bockwindmühlen, die zur Entwässerung der Marschen benutzt wurden, geben einen Eindruck vom Alltag und der Flutgefahr um 1600: Die Wände vieler alten Häuser sind gekachelt, da die Region früher häufig von Elbfluten betroffen war.

For almost 500 years, the region south west of Hamburg has been known as "Vierlande", four lands. Here, many wealthy marshland villages gradually amalgamated to form an association of dyked districts. — Curslack is a charming place, with its 400 year old timbered church of St Johannes and historic farmsteads such as the Rieckhaus, today a museum. The post mills that once drained the marshes give an impression of everyday life and the dangers of flooding around 1600. Many houses have tiled walls, as the Elbe often used to overflow its banks in this region.

Depuis 500 ans, le région au sud-ouest de Hambourg se nomme « Vierlanden » (quatre terroirs) : quatre villages prospères de cette région fertile se sont alors peu à peu réunis pour former une association de protection des digues. — Curslack abrite une superbe église à pans de bois bâtie il y a quelque 400 ans et des fermes historiques dont le Rieckhaus. Les moulins à vent servaient à assécher les marais. Les murs carrelés de nombreuses maisons anciennes rappellent que l'Elbe inondait fréquemment la région.

HAMBURG SCHLOSS REINBEK

Wir machen einen Bogen nördlich um den Stadtstaat Hamburg, nicht ohne die wirtschaftliche und kulturelle Bedeutung der alten Hansestadt als größter deutscher Hafen und Medienmetropole zu erwähnen – einst das „Tor zur Welt". — Wieder ganz zurück nach Schleswig-Holstein besuchen wir das Schloss Reinbek im Südosten von Hamburg, denn hier findet alljährlich im Sommer das Schleswig-Holstein-Musikfestival statt. Herzog Adolf I. von Holstein-Gottorf ließ das beeindruckende Bauwerk 1571–76 im holländischen Renaissancestil erbauen.

HAMBURG SCHLOSS REINBEK

We will next make a detour north of the city state of Hamburg, but not without brief mention of the great commercial and cultural significance of this old Hanseatic city, now a media metropolis and once Germany's gateway to the world, where you will find the country's largest harbour. — Returning to Schleswig Holstein, we arrive at Schloss Reinbek, south east of Hamburg, the main location of the annual summer Schleswig Holstein music festival. Duke Adolf I of von Holstein Gottorf built this imposing palace between 1571–76 in Dutch Renaissance style.

HAMBURG CHÂTEAU REINBEK

Nous décrivons une boucle au nord de la ville-État de Hambourg sans manquer de mentionner l'importance culturelle et économique de l'ancienne cité hanséatique, premier port allemand et métropole des médias, jadis nommée « Porte sur le monde ». — De retour dans le Schleswig-Holstein, le circuit se poursuit jusqu'au château Reinbek au sud-est de Hambourg, scène chaque été du festival de musique du Schleswig-Holstein. Le duc Adolf Ier de Holstein-Gottorf fit construire l'édifice imposant dans le style de la Renaissance hollandaise entre 1571 et 1576.

Wie ein Märchenschloss präsentiert sich das Schloss Ahrensburg: Der elegante Prachtbau im Renaissancestil erhebt sich mit vier Ecktürmen auf einer Insel in einem Wassergraben. Bereits 1585 ließ Peter Rantzau das hochherrschaftliche Anwesen errichten. Heute befindet sich hier ein Museum zur schleswig-holsteinischen Adelskultur. — Zu den heute wohlhabenden Städten rund um Hamburg gehört auch Norderstedt, eine typisch norddeutsche und moderne Kleinstadt – mit rund 74.000 Einwohnern immerhin die fünftgrößte Stadt Schleswig-Holsteins.

Schloss Ahrensburg looks for all the world like a fairytale palace. Built on an island, it is a magnificent Renaissance building with four corner towers, rising elegantly above a moat. Today, this imposing residence, built as early as 1585 by the Danish commander Peter Rantzau, houses a museum devoted to the culture of the Schleswig Holstein aristocracy. — Norderstedt is just one of the numerous modern wealthy communities around Hamburg. With 74,000 inhabitants, this typical small North German town is nonetheless the fifth largest in Schleswig Holstein.

Schloss Ahrensburg ressemble à un château de conte de fées : l'élégant édifice de style Renaissance dresse ses quatre tours d'angle sur un îlot entouré de douves. Il fut construit en 1585 par le chef d'armée danois Peter Rantzau, et abrite aujourd'hui un musée racontant la culture aristocratique du Schleswig-Holstein. — Les villes prospères actuelles autour de Hambourg comptent Norderstedt, une cité moderne et typique d'Allemagne du Nord, qui avec une population de 74 000 habitants, est la cinquième ville du Schleswig-Holstein.

In Wedel begann der historische Heer- und Ochsenweg, der bis ins dänische Viborg führte – heute ein beliebter Radwanderweg von 491 Kilometern. Und nicht nur viele Möwen, auch jede Menge Ochsen trifft man hier noch immer im April, denn wie seit 800 Jahren findet hier der traditionelle Viehmarkt statt. — Sehr idyllisch liegt inmitten der zum Rantzauer See aufgestauten Krückau das Schloss Rantzau: ein historisch intaktes Ensemble, welches früher Amtsgericht, Gefängnis und Wassermühle beherbergte. Heute ist es Museum, Café und Galerie mit Skulpturenpark.

Wedel once marked the start of the historic military and drovers' road that ran to Viborg, Denmark, a route that is now a popular cycle path, 491 kilometres long. Seagulls are a common sight here, but oxen too, at least in April when the traditional 800 year old cattle market is held in Wedel. — Centuries ago, the River Krückau was dammed up to create Lake Rantzau. In the centre stands the idyllic Schloss Rantzau, a historically intact ensemble with a court, a prison and a water mill. Today the complex houses a museum, café, gallery and sculpture park.

C'est de Wedel que partait le chemin historique des armées et des bestiaux qui conduisait jusqu'à Viborg au Danemark, et est aujourd'hui une piste très fréquentée de randonnées à vélo, longue de 491 km. En avril, on ne voit pas seulement un grand nombre de mouettes, mais aussi beaucoup de bœufs, car depuis 800 ans, a lieu ici la traditionnelle foire aux bestiaux. — Schloss Rantzau se dresse dans une situation idyllique au milieu du lac de Rantzau, formé par une retenue de la Krückau : un ensemble historique intact qui abritait autrefois le tribunal, la prison et le moulin à eau.

Der weithin sichtbare Elmshorner Wasserturm (1902) lädt in der norddeutschen Kleinstadt zu einer Rast: Nach einem Cappuccino kann man in der hier ansässigen Kerzenzieherei nach schönen, handgefertigten Kerzen stöbern. — Glückstadt ist zweifellos die DIE Matjes-Hochburg: Tausende Matjes-Liebhaber versammeln sich alljährlich im Juni an einer drei Kilometer langen Tafel quer durch die Altstadt und vertilgen rund 30.000 Matjesfilets mit eineinhalb Tonnen Soße und 200 Kilo Zwiebeln – „die längste Matjestafel der Welt" betonen die Glückstädter.

Visible from afar, the water tower of the small North German town of Elmshorn invites the visitor to take a break. Built in 1902, it now houses a cafe, and after your cappuccino you can shop for beautiful local hand made candles. — Glückstadt is the heartland of the matjes herring. Thousands of devotees of this mild salted fish gather in June at a three kilometre long table extending through the Old Town to down around 30,000 matjes, one and a half tons of sauce and 200 kilograms of onions, in what local people boast is the world's longest matjes feast.

Visible de loin, l'ancien château d'eau d'Elmshorn (1902) invite à faire une halte dans cette petite ville typique du nord de l'Allemagne : après un cappuccino, on peut acheter de jolies bougies, faites main, dans la fabrique installée sur place. — Glückstadt est sans aucun doute la capitale du hareng vierge, appelé « Matjes ». Des milliers d'amateurs de matjes se retrouvent tous les ans en juin à une table longue de trois kilomètres qui traverse la vieille-ville. Ils consomment quelque 30 000 filets de hareng, une tonne et demie de sauce et 200 kg d'oignons.

Die 1617 vom Dänenkönig Christian IV. gegründete Walfänger- und Handelsstadt war auch Landeshauptstadt bis zur Preußenzeit. In der Nähe des sechseckigen historischen Marktplatzes liegt die denkmalgeschützte Straße Am Hafen mit perfekt sanierten holländischen Giebel-, Traufen- und Fachwerkhäusern aus dem 17. Jh. — Als Wahrzeichen Bad Bramstedts erhebt seit 1693 der steinerne Roland sein Schwert auf dem Marktplatz (und auf dem Stadtwappen). Der Krieger symbolisiert die Freiheit und Eigenständigkeit der Städte und ihrer Stadtrechte.

Glückstadt, founded in 1617 by King Christian IV of Denmark, was a whaling and trading town and also state capital up to Prussian times. Near the historic sexagonal market place, the street 'Am Hafen' is a designated conservation area whose perfectly restored houses display Dutch gables, eaves and timbering from the 17th century. — The landmark of Bad Bramstedt is the stone statue of Roland with raised sword, dating from 1693. The knight stands both in the market place and on the town's coat of arms, a symbol of municipal and legal freedom and autonomy.

Fondée en 1617 par le roi danois Christian IV, le port de pêche à la baleine et ville marchande resta capitale de province jusqu'à l'époque des Prussiens. Près de la place du marché hexagonale se trouve la rue Am Hafen, aux maisons à pans de bois et pignons de style hollandais du XVIIe siècle, parfaitement restaurées, qui sont sous la protection des monuments. — Symbole de la ville de Bad Bramstedt, Roland, sculpté dans la pierre, lève son épée sur la place du marché depuis 1693, de même que sur les armes de la cité. Les statues du guerrier illustrent la liberté.

ITZEHOE, Klostergarten

Itzehoe erstreckt sich seit tausend Jahren an der kleinen Stör und hat sich heute als Einkaufsmagnet zwischen Marsch und Geest einen Namen gemacht. Die Attraktionen sind neben mittelalterlichem Klosterhof und barockem Rathaus auch Shopping, Kultur und Wein! Rund 30.000 Weinkenner und –genießer zieht das alljährliche Wein-Fest seit mittlerweile 20 Jahren hierher. Bei einem Abstecher zum Schloss Breitenburg findet man ein herrliches, neugotisches Herrenhaus aus dem frühen 16. Jahrhundert vor.

ITZEHOE, monastery garden

Itzehoe, which for a thousand years has extended along on the banks of the River Stör, has today made a name for itself as a magnet for shoppers in the lands between the marshes and the heaths. Visitor attractions include the medieval monastery gardens, the Baroque Town Hall, good shopping, cultural events, and, unexpectedly, wine. Every year, about 30,000 wine connoisseurs attend the wine festival that has taken place here for over two decades. Nearby Schloss Breitenburg, a fine early 16th century neo Gothic mansion, is also well worth a visit.

ITZEHOE, jardin du monastère

Itzehœ s'étend depuis mille ans sur la Stör, et s'est aujourd'hui fait un nom comme centre commercial et culturel d'importance entre les régions des Marschen (marais) et du Geest (moraines sableuses). Outre le monastère médiéval et l'hôtel de ville baroque, la principale attraction est le vin ! Depuis vingt ans, la fête viticole annuelle attire quelque 30 000 amateurs de bons vins. Pour se rafraîchir les idées, une excursion au Schloss Breitenburg fait découvrir un superbe château de style gothique tardif, datant du XVIe siècle.

ITZEHOE, Schloss Breitenburg

Das Marschenland zwischen Elbe, Nord-Ostsee-Kanal und Stör wird auch „Land der Fähren" genannt. — Für die Entwässerung der Wilstermarsch sorgten hier einst 350 Schöpfmühlen. Ein Schmuckstück steht in Honigfleth: die einzige erhaltene Wasserschöpfmühle der Elbmarschen. Die mehr als 150 Jahre alte „Bockmühle" war noch bis 1948 auf einem Bauernhof in Betrieb. Im Städtchen Wilster, eine der ältesten Städte Schleswig-Holsteins, soll es übrigens im Mittelalter besonders viele Hexen gegeben haben – sogar die Bürgermeisterfrau, so erzählt die Legende.

The marshland between the Elbe, the Kiel Canal and the River Stör is also named the "Land of the Ferries". — At one time no fewer than 350 wind pumps turned here to drain the Wilster marsh. The only surviving example of the windmills of the Elbe marshes now stands in Honigfleth. This fine old post mill, over 150 years old, was in use on a farm till 1948. In the little community of Wilster, one of the oldest towns in Schleswig Holstein, there were supposedly many witches in the Middle Ages; according to legend, even the mayor's wife was among them.

La contrée fertile entre l'Elbe, le canal mer du Nord-Baltique et la Stör est appelée « Pays des bacs ». — Jadis, 350 moulins de pompage assuraient l'assèchement de la Wilstermarsch. Un joyau se dresse à Honigfleth: l'unique moulin de pompage conservé des plaines marécageuses de l'Elbe. Âgé de plus de 150 ans, le « Bockmühle » fut encore en service dans une ferme jusqu'en 1948. La petite ville de Wilster, une des plus anciennes du Schleswig-Holstein, aurait eu beaucoup de sorcières au Moyen Âge. Selon la légende, même l'épouse du bourgmestre en était une!

Viele Schaulustige kommen täglich mit ein bisschen Fernweh an den Nord-Ostsee-Kanal bei Brunsbüttel: Im Fünf-Minuten-Rhythmus schieben sich die Schiffe durch die Schleuse, im Sommer mehr als 100 Pötte am Tag (s.S. 97). Der Besucher sollte sich nach dem Traumschiffgucken nicht durch Industrieanlagen und Kernkraftwerk von einem Stadtbummel abschrecken lassen: Brunsbüttel ist eine grüne Stadt! Hier mischt sich Seefahrer-Romantik mit Schleusen-Gigantomanie und kulturellem Hochgenuss im 1992 eröffneten Elbeforum und den „längsten Flohmarkt der Westküste".

The North Frisian Coast: Curious onlookers with a far off look in their eyes stand daily at the entrance to the Kiel Canal near Brunsbüttel. Every five minutes ships negotiate the lock, in summer over a hundred daily. After admiring these huge vessels, visitors shouldn't be put off exploring Brunsbüttel by industrial sites and the nuclear power plant, for this is truly a green town. Since 1992, the Elbe Forum has offered a mixture of seafaring romance, reverence for oversized canal locks and culture of the finest. The west coast's longest flea market is held here too.

De nombreux spectateurs viennent rêver de pays lointains sur le canal mer du Nord-Baltique, près de Brunsbüttel : les écluses font passer les bateaux au rythme de 5 minutes ; en été plus de 100 embarcations par jour (v.p. 97). La centrale nucléaire et la zone industrielle ne devraient pas faire reculer les touristes : Brunsbüttel est une ville verte qui vaut une visite ! Ici se mélangent romantisme de la mer, gigantisme des écluses et culture de haut niveau au forum de l'Elbe ouvert en 1992. S'y tient également le « plus long marché aux puces de la côte ouest ».

D-HOSF
5M

Helgoland ist Deutschlands einzige Hochseeinsel, rund 70 Kilometer vom Festland. Bis ins 15. Jahrhundert war das Eiland Schlupfwinkel von Seeräubern wie Klaus Störtebeker. Schon seit 1826 als Seebad bekannt, kommen heute bis zu 11.000 Touristen an nur einem einzigen Hochsommertag. Trotzdem scheinen die Tage der „Langen Anna" gezählt: der markante Felsen bröckelt unaufhaltsam, die Insulaner sammeln Spendengelder für seine Rettung. Auf Helgoland hat übrigens August Heinrich Hoffmann von Fallersleben 1841 das „Deutschlandlied" geschrieben.

Helgoland is Germany's only deep sea island, located about 70 kilometres from the mainland. Up to the 15th century, the island served as a bolthole for pirates such as Klaus Störtebeker. Since 1826 it has been a holiday resort, and today up to 11,000 visitors arrive here on a single summer's day. The days of the Long Anna rock seem numbered, for this striking formation continues to crumble and the islanders are collecting donations in the hope of saving it. It was on Helgoland that Hoffmann von Fallersleben composed the German national anthem in 1841.

Helgoland est l'unique île de haute mer d'Allemagne, à environ 70 km de la côte. Jusqu'au XVe siècle, elle était le repaire de pirates tel le célèbre Klaus Störtebeker. Connue dès 1826 comme station balnéaire, l'île accueille aujourd'hui jusqu'à 11 000 touristes pendant une seule journée d'été. Toutefois, les jours de la « Lange Anna » semblent comptés, le rocher s'effritant inexorablement, mais les insulaires collectent des dons pour le sauver. C'est sur Helgoland qu'August Heinrich Hoffmann von Fallersleben écrivit l'hymne allemand en 1841.

HELGOLAND Fährschiffe auf Reede ▷

Wenn das „Ausbooten" mit dem Umsteigen in die offenen Börteboote überstanden ist, bummeln die Tagesausflügler an den bunten Hummerbuden entlang, stöbern in Souvenirläden und schauen dem Insel-Bildhauer über die Schulter. Mit dem Fahrstuhl geht es zum Oberland, wo der Klippenrandweg schönstes Nordsee-Panorama verheißt. Von der „Oberoma" und der „Unteroma" ist in den Kinderbüchern von James Krüss die Rede – Helgolands berühmter Inselsohn. Vor der Abreise kann man dann noch eine exklusive Duftmarke und Hochprozentiges zollfrei erstehen.

HELGOLAND, ferries in the harbour

After the day trippers have clambered out of the open boats that ply between ferry and shore, they stroll past rows of coloured wooden houses, browse in the souvenir shops and look over the shoulder of the local sculptors. In 1947 the British Royal Navy tried to destroy the island, but luckily were not wholly successful. A lift takes you to the upper island and the coastal path, with its fine North Sea panorama. Visitors often treat themselves to expensive tax free perfumes and alcohol before departing. Helgoland's best known son is the author James Krüss.

HELGOLAND, bacs dans le port

Une fois descendu du bac, les excursionnistes d'un jour déambulent devant les restaurants de homards, les boutiques de souvenirs et observent les sculpteurs de pierre de Helgoland. Par ascenseur, on atteint l'Oberland, (Haut-Pays) depuis les falaises duquel s'offrent de superbes vues sur la mer du Nord. Le bas de l'île est appelé Unterland. La « Oberoma » et la « Unteroma » sont deux grands-mères très connues des livres d'enfants de James Krüss, natif de l'île. Un musée est dédié au célèbre écrivain.

James-Krüss-Museum ▷

Friedrichskoog besitzt neben dem ältesten Windpark Deutschlands auch eine der größten Kutterflotten der Region. Jedes Jahr im Juli/August trifft man sich hier zur Kutterregatta. Einen Besuch wert ist die berühmte Seehundstation Friedrichskoog, wo die drolligen Meerestiere aufgezogen und „ausgewildert" werden. — Im Nordseebad Büsum begleitet die Kurkapelle seit mehr als 100 Jahren die Badegäste beim „Wattenlaufen mit Musik": Bei dem traditionellen Spektakel stapfen die Musiker des „Büsum Sextetts" vorneweg mit schwungvoller Marschmusik.

Friedrichskoog not only boasts the oldest wind park in Germany but also one of the largest cutter fleets of the region, and a cutter regatta takes place here annually around July and August. The Friedrichskoog seal centre is well worth a visit, for here cute baby seals find a foster home before they are finally released into the wild. — For over a century, spa guests to the health resort of Büsum have been accompanied by the rousing march music of the spa band on their mudflat walk. This traditional spectacle is headed by the members of the Büsum Sextet.

Outre le plus ancien parc éolien d'Allemagne, Friedrichskoog possède une des plus grandes flottes de chalutiers de la région. Chaque année, en juillet/août ont lieu des régates de chalutiers. On peut visiter la station de phoques de Friedrichskoog, où les animaux marins sont élevés avant d'être rendus à la vie sauvage. — À Büsum, station balnéaire sur la mer du Nord, l'orchestre des thermes accompagne joyeusement les curistes depuis plus de 100 ans lors de la traditionnelle « Course en musique sur les Watten » (rivage de vases marines).

BÜS 5

39

Nordseebad BÜSUM, Hafen

Das Seebad und Hafenstädtchen Büsum wird dominiert von seinem Fischereihafen: Noch vor 60 Jahren drängten sich hier mehr als 130 Fischkutter, heute sind es gerade mal drei Dutzend. Im Museumshafen kann man einige historische Prachtexemplare wie Zweimast-Gaffelkutter bestaunen. Trotzdem ist Büsum noch immer einer der größten Häfen der holsteinischen Nordseeküste und der einzige tideunabhängige Hafen. Heutzutage sind Krabben statt Hering der Exportartikel Nr. 1 in Büsum. Unübersehbar ist der bildschöne historische Leuchtturm von 1913.

BÜSUM holiday resort, harbour

The holiday resort and harbour town of Büsum is dominated by its fishing harbour. Sixty years ago, over 130 fishing smacks jostled for space here, but today hardly three dozen remain. In the museum harbour, visitors marvel at splendid examples of historic vessels such as two masted gaff rigged cutters. Büsum is still one of the largest harbours of the Holstein North Sea coast, and the only one not dependent on tides. Today prawns and not herrings are its chief export. Büsum's most conspicuous landmark is the beautiful historic lighthouse of 1913.

BÜSUM, port de la mer du Nord

Büsum est non seulement une ville de villégiature, mais aussi un port de pêche encore en activité : il y a 60 ans, 130 chalutiers mouillaient dans le port, aujourd'hui il n'en reste que trois douzaines. Le musée du port abrite quelques beaux bateaux historiques . Quoi qu'il en soit, Büsum est toujours un des ports de pêche les plus importants de la côte du Holstein. Aujourd'hui, les crevettes ont remplacé les harengs comme articles d'exportation principal de Büsum. Le magnifique phare historique date de 1913.

◁ **MELDORF – Dithmarschen – HEIDE** ▷

Bei Meldorf ist zweifellos das kulturelle Herz von Dithmarschen erreicht: Kultur pur bieten die zahlreichen Museen in der mittelalterlichen Altstadt, die sogar einen „Dom" ihr Eigen nennt. — Heide ist mit 21.000 Einwohnern die größte Stadt Dithmarschens und besitzt den größten Marktplatz Deutschlands, auf dem seit fast 600 Jahren der Wochenmarkt stattfindet. Aus dieser Zeit stammt der „Heider Marktfrieden": Dabei sollten Streitereien durch den Rat der 48 Regenten der „Bauernrepublik" geschlichtet werden, es wurde aber auch Gericht gehalten.

◁ **MELDORF – Dithmarschen – HEIDE** ▷

When you get to Meldorf, you have undoubtedly reached the cultural heart of the Dithmarschen area. There are numerous museums in the medieval Old Town, which even claims its own cathedral. — Heide, with 21,000 inhabitants, is the largest town in Dithmarschen. It also boasts Germany's biggest market place, where outdoor markets have been held for almost 600 years. The Peasant's Republic of that time asserted its independence in the "Heide Marktfrieden", which decreed that disputes among market traders were to be settled by a local council of 48

◁ **MELDORF – Dithmarschen – HEIDE** ▷

Meldorf est sans aucun doute le centre culturel de la contrée de Dithmarschen : la vieille-ville médiévale abrite de nombreux musées et une église imposante, appelée Dome. — Avec 21 000 habitants, Heide est la plus grande ville du Dithmarschen, et possède la plus grande place de marché d'Allemagne où se tient un marché hebdomadaire depuis près de 600 ans. C'est de cette époque que date le « traité de paix du marché de Heide » censé aider le Conseil des 48 bourgmestres de la « république des paysans » à régler les conflits.

HEIDE, Trachtenfest

In Heide sind die Bewohner stolz auf ihre Traditionen, wie eine Vielzahl von kulturellen Veranstaltungen im Sommer beweist: etwa der Heider Sommer mit Konzerten auf einer Open-Air-Bühne. Alle zwei (geraden) Jahre am zweiten Juliwochenende findet der mehrtägige „Heider Marktfrieden" statt. Fast eine Zeitreise, bei der das mittelalterliche Markttreiben durchaus lebhaft dargestellt wird – mit Gauklern und bunten Kostümen, einem Festumzug und sogar einer echten traditionellen Dithmarscher Bauernhochzeit auf Plattdeutsch.

HEIDE, traditional festival

That the inhabitants of Heide are proud of their many traditions is proved by the multitude of cultural events held here in summer, such as the Heide Summer festival, with concerts on an open air stage. Every two (even numbered) years, on the second weekend in July, the "Heider Marktfrieden" festival takes place. This is almost like a journey back in time, for the bustling markets of the Middle Ages are really brought alive here, with jugglers, colourful costumes, a festival parade and even a genuine traditional Dithmarschen wedding in local dialect.

HEIDE, fête folklorique

Les habitants de Heide sont fiers de leurs traditions ainsi qu'en témoignent les nombreuses fêtes populaires qui ont lieu en été, telles que le Heider Sommer, festival de musique avec des concerts de plein air. Tous les deux ans, le deuxième week-end de juillet, se déroule la fête dite « Heider Marktfrieden », qui offre un voyage dans le passé avec un marché médiéval animé de personnages en costume d'époque et de saltimbanques. Un cortège folklorique et des noces paysannes traditionnelles célébrées dans le dialecte du Dithmarschen complètent les festivités.

TÖNNING, Hafen

Bereits Anfang des 17. Jahrhunderts herrschte reger Handel im Hafen von Tönning: Speck und Käse, Salz und Obst aus dem Elbegebiet wurden verladen, aber auch feine Stoffe und Töpferwaren. Am Hafen steht als Zeitzeuge noch das mächtige historische Kanalpackhaus, erbaut als Speicher in 1783. Tönning war bis in die 1970er Jahre die Heimat einer der größten Krabbenkutterflotten. Unbestrittener Publikumsmagnet im Multimarer Wattforum mit seinen vielen Aquarien ist zweifellos das 18 Meter lange Präparat eines 1997 gestrandeten Potwals im Walhaus.

TÖNNING, the harbour

At the start of the 17th century, trade flourished in Tönning harbour, with ships laden with bacon, cheese, salt and fruit from the Elbe region and also fine fabrics and pottery. A relic of that era can be seen in the sturdy historic "Kanalpackhaus" on the harbour, originally built as a warehouse in 1783. Up to the 1970s, Tönning was the home of one of the largest prawn fishing fleets. The top attraction in the numerous fish tanks of the Multimar Wattforum visitor centre is doubtless the prepared skeleton of an 18 m. long sperm whale stranded in 1997.

TÖNNING, port

Dès le début du XVIIe siècle, un commerce intense régnait dans le port de Tönning : lard, fromages, sel et fruits de la région de l'Elbe étaient transbordés, mais aussi des étoffes et des céramiques. Au port se dresse l'imposant entrepôt appelé Kanalpackhaus, construit en 1783, un témoignage historique de cette époque. Jusque dans les années 1970, Tönning avait une des plus grandes flottes de crevettiers. Avec ses aquariums et surtout un cachalot naturalisé de 18 mètres de long, qui s'échoua sur le rivage en 1997, le Multimarer Wattforum attire un nombreux public.

Der zwölf Kilometer lange Strand von St. Peter-Ording ist gigantisch weit, die hiesigen Tourismusmanager sagen: Selbst wenn alle 1,7 Millionen Hamburger auf einmal an einem einzigen Tag St. Peter-Ording heimsuchen würden, gäbe es hier kein Gedränge. Und wo sonst kann man mit der Blechkiste direkt auf den Strand rauffahren! Strandbuggies und Strandsegler liefern sich alljährlich filmreife Wettrennen mit anschließender Strandparty. Apropos Film: Auch die beiden ARD-Serien „Gegen den Wind" und „Die Strandclique" sind hier gedreht worden.

The 12 kilometre long beach of St. Peter Ording is, amazingly, well over a mile wide in places, and local tourist managers claim that even if all the 1.7 million residents of Hamburg turned up here on a single day, it wouldn't be a tight squeeze. During the summer, there are numerous sport contests and beach activities, and land yachts and beach buggies race across the sands as if in a Hollywood car chase, ending up with a beach party for contestants. Two popular German TV series, "Gegen den Wind" and "Die Strandclique", were shot on location here.

Longue de 12 kilomètres, la plage de St. Peter-Ording est si vaste que le directeur du tourisme local affirme que si le 1,7 million de Hambourgeois venait y passer la journée ensemble, personne ne serait serré ! Et où ailleurs peut-on conduire jusqu'au bord de l'eau ? Les buggies et autres véhicules de plage se livrent ici tous les ans des courses dignes d'être filmées. À propos film : plusieurs séries de la télévision allemande ont été tournées sur cette superbe plage.

Den rot-weißen Westerhever Leuchtturm, das Wahrzeichen der Halbinsel Eiderstedt, kennt jeder Deutsche aus Film und (Bier-)Werbung – er weist seit 1907 den Schiffen vor der Tümlauer Bucht den Weg. – 20 Kilometer vor der Küste liegen die Seehundbänke: Rund 15.000 Seehunde und Kegelrobben leben im Nationalpark Schleswig-Holsteinisches Wattenmeer. Im Juni gebären hier die Muttertiere. Die Meeressäuger „tanken" sozusagen in der Sonne, ihr Blut wird mit Sauerstoff angereichert für die langen Tauchgänge, währenddessen sie sogar schlafen können.

The red and white lighthouse of Westerhever, the landmark of the Eiderstedt peninsula, is well known to Germans through advertisements. Since 1907, it has guided shipping in and out of Tümlau Bay. – The seal banks lie twenty kilometres distant from the coast. Fifteen thousand harbour seals and grey seals live on the Schleswig Holstein mud flats, now a designated National Park. The baby seals are born in June. These marine mammals store oxygen in their blood in the sunshine in preparation for their long diving sessions, during which they can even sleep.

Symbole de la presqu'île Eiderstedt, le phare rouge et blanc de Westerhever est connu de tous les Allemands car il décore une célèbre publicité de bière. Mais surtout, depuis 1907, il indique aux bateaux le chemin dans la baie de Tümlaue - La colonie de phoques se trouve à 20 kilomètres au large de la côte : quelque 15 000 phoques vivent sur les étendues de vases marines du parc national du Schleswig-Holstein. Les mères donnent naissance à leurs petits en juin. Au soleil, les mammifères marins enrichissent leur sang en oxygène avant leurs longues plongées.

FRIEDRICHSTADT an der Eider, Grachtenfahrt entlang der Giebelhäuser am Marktplatz / canal trip along the gabled houses / place du marché

Wo sich die Flüsse Eider und Treene treffen, liegt Friedrichstadt, vor 400 Jahren von holländischen Einwanderern gegründet: im Landesinneren und doch mitten im Wasser! Eine verträumte Grachtenstadt mit holländischen Kaufmannshäuschen samt Treppengiebeln. Dieses deutsche „Klein-Amsterdam" muss man einfach gemütlich vom Wasser aus erkunden, ganz ohne Eile, denn hier scheint die Zeit ohnehin stillzustehen: bei der Grachtenfahrt, mit dem Ruder- oder Tretboot oder beim Kanuwandern im Eider-Treene-Sorge-Dreieck – eine saftig grüne Flusslandschaft.

Friedrichstadt stands at the point where the rivers Eider and Treene converge. It was founded by Dutch settlers 400 years ago, an inland town that is nonetheless surrounded by water. Today, Friedrichstadt is a place of dreamy canals and pretty Dutch merchants' houses with stepped gables. Gemany's "little Amsterdam" has to be explored unhurriedly from the water, for time seems to stand still here anyway. You can take a rowing boat or paddle boat on the canals or enjoy a canoeing trip through the lush river landscape of the Eider Treene Sorge triangle.

Au confluent de l'Eider et de la Treene, s'étend Friedrichstadt, fondée il y a 400 ans par des colons hollandais. Une ville à l'intérieur des terres et pourtant dans l'eau, traversée de canaux bordés de superbes maisons anciennes à pignons dans le style hollandais. Cette « petite Amsterdam » allemande, à l'atmosphère paisible, se visite le mieux en bateau, sur ses canaux. De même, c'est en barque, en pédalo ou en canoë, que l'on goûtera pleinement les charmes de la campagne verdoyante le long des rives des trois rivières Eider, Treene et Sorge.

„Am grauen Strand, am grauen Meer und seitab liegt die Stadt; Der Nebel drückt die Dächer schwer, und durch die Stille braust das Meer eintönig um die Stadt. Doch hängt mein ganzes Herz an dir, Du graue Stadt am Meer.“ Was Theodor Storm 1851 in dem Gedicht „Die Stadt“ über Husum schrieb, mag verwundern. Denn Husum ist alles andere als Grau! Schon im Frühjahr leuchtet der Schlossgarten in einem Meer aus lila blühenden Krokussen. In 15 Novellen verewigte Storm seine Geburtsstadt. Kurz vor seinem Tod 1888 vollendete er sein berühmtestes Werk: „Der Schimmelreiter“.

“By the grey shore, by the grey sea, Set apart, lies the town, The fog lies heavy on the roofs, And through the stillness roars the sea, Dully round the town. Yet all my heart belongs to you, You grey town by the sea.”This excerpt from” The Town”, Theodor Storm’s poem of 1851 about Husum, scarcely seems apt, for Husum is anything but grey, and in spring the palace grounds are a radiant sea of purple crocus blooms. Storm immortalized his native town in 15 novellas. Shortly before his death in 1888, he finished his best known work, “Der Schimmelreiter”.

« La ville s’étend devant un rivage gris, une mer grise. Le brouillard pèse lourdement sur les toits ;dans le silence, le mugissement monotone de la mer enrobe la ville et pourtant, je t’aime de tout mon cœur, ville grise sur la mer. « Le poème que Theodor Storm dédia en Husum en 1851 peut surprendre, car la ville natale du célèbre écrivain est tout, sauf grise ! Dès le printemps, une mer de crocus lilas colore le parc du château. Storm a immortalisé sa ville dans 15 nouvelles. Il acheva ici son œuvre la plus connue « l’Homme au cheval blanc » en 1888, peu avant sa mort.

Nordstrand entstand durch die Sturmfluten 1362 und 1634, als die Insel Strand von den Wassermassen gespalten wurde. Wattfunde wie Ton- und Keramikscherben sprechen für die Existenz einer Siedlung im 13. Jahrhundert: das legendäre Rungholt, das „friesische Atlantis". Aber stammen sie wirklich aus der kleinen, sehr wohlhabenden Stadt auf der Insel Strand?! Wie auch immer, alljährlich finden im Mai auf der Insel Pellworm die „Rungholt-Tage" statt. Und manch einer will sogar die Rungholter Kirchenglocken läuten hören.

Nordstrand was created by the great storm floods of 1362 and 1634, when the masses of water split the island of Strand into two. Shards of pottery and ceramics found on the mud flats indicate that a 13th century settlement existed here, the legendary Rungholt, the Frisian Atlantis, though it is doubtful if these fragments really come from the small wealthy town on the isle of Strand. Whatever the truth, the Rungholt Days are celebrated annually in May on the island of Pellworm, and some say they have heard the ghostly tolling of Rungholt's church bells.

Nordstrand est née après les raz-de-marée de 1362 et 1634, lorsque les masses d'eau divisèrent l'île de Strand. Des fragments de céramiques retrouvés dans les Watten témoignent de l'existence d'un village au XIIIe siècle : le légendaire Rungholt, « l'Atlantis frison ». Mais proviennent-ils vraiment de ce village disparu ? Quoi qu'il en soit, tous les ans, en mai, les « Journées de Rungholt » ont lieu sur l'île de Pellworm ; et certains entendent sonner le carillon de l'église de Rungholt.

Ein Watt-Geheimnis sei vorweg gelüftet – woher die vielen Löcher im Sand kommen: Der Wattwurm frisst unentwegt Sand – mit allem, was darin steckt, Algen sowie Mikroorganismen. Die gekringelten „Spaghetti-Häufchen" scheidet der Vielfraß alle halbe Stunde wieder aus. Aber der Wattwurm ist nur einer von 3.235 Tierarten im Nationalpark Schleswig-Holsteinisches Wattenmeer, darunter 250 einheimische Arten. Das Gebiet erstreckt sich von der dänischen Ho-Bucht bis zur holländischen Insel Texel – größter deutscher Nationalpark und größte Wattenlandschaft weltweit.

Let's start by clearing up a mystery and explaining the origin of all those tiny holes in the sand. The lugworm eats sand incessantly, along with everything it contains, such as algae and micro organisms, and every half hour produces the familiar coiled wormcasts. The lugworm is, however, only one of about 3,235 animal species to be found in Schleswig Holstein's National Mudflat Park, including 250 indigenous species. This area, which extends from Ho Bay in Denmark to the Dutch island of Texel, is the largest German National Park and the world's most extensive area of tidal flats.

Expliquons d'abord un mystère des Watten : d'où viennent tous ces petits trous dans le sable ? D'un ver des vases qui dévore le sable avec tout ce qu'il contient, algues et autres micro-organismes. Toutes les demi-heures, ce goulu élimine des excrétions « en tire-bouchon ». Mais il n'est qu'une des 3 235 espèces animales, dont 250 endémiques, qui habitent le parc national maritime du Schleswig-Holstein. Son territoire s'étend de la baie danoise Ho jusqu'à l'île hollandaise de Texel, ce qui en fait le plus grand parc national allemand et la plus grande région de vases marines du monde.

Das Wattenmeer ist Lebensraum für durchsichtige Garnelen, winzige Krebse, Mies-, Herz- und andere Muscheln und:die nur sechs Millimeter große und schnellste Schnecke der Welt! Auch „Großwild" gibt es hier: Tausende von Seehunden und Kegelrobben, rund 60 Fischarten (meist Jungfische), die beiden Muschel fressenden Haie wie Dorn- und Katzenhai und die kleinen Schweinswale. Ornithologen bieten den Watt-Spaziergängern eine regelrechte „Piepshow": bis zu vier Millionen (Zug-)Vögel leben, nisten und mausern im Watt, etwa die Ringelgänse im Frühjahr und Herbst.

The muddy expanses are an ideal habitat for transparent prawns, tiny crabs, mussels, scallops and other crustaceans and also the fastest snail in the world, a mere six millimetres long. But there's big game here too: thousands of harbour seals and grey seals, about sixty kinds of fish (mostly young), two kinds of mussel eating sharks, spiny dogfish, cat sharks and porpoises. This is also an ornithological paradise, for up to four million birds, some of them migrating species, live, nest and moult on the flats.

La mer des Watten est l'habitat de crevettes translucides, de crabes minuscules, de moules et coquillages de toutes sortes, ainsi que de l'escargot, grand de six millimètres et le plus rapide du monde ! Mais on trouve aussi de plus grands animaux marins : des milliers de phoques, quelque 60 espèces de poissons dont le petit requin appelé aiguillat et la roussette. Les ornithologues offrent des randonnées guidées sur les Watten : jusqu'à quatre millions d'oiseaux marins et migrateurs vivent et nichent sur les étendues de vases marines, telles les oies sauvages qui arrivent au printemps et en automne.

Wer wollte nicht immer schon einmal auf dem Meeresboden wandern – und dabei trocken bleiben! Barfuß durch den Schlick waten, so dass es herrlich durch die Zehen „schmatzt" und „quatscht", die Möwen kreischen bei schier endlosem Horizont und die Abendsonne lässt das Watt und die Priele wie flüssiges Gold glänzen. Ebbe und Flut sind die Ursache dafür, ob sich die Nordsee mit rauschender Brandung oder als graues Watt präsentiert, ob man Wellenreiten oder Wattwandern kann.

Who wouldn't like to wander along the seabed and yet stay dry? It's a wonderful feeling to wade barefoot through mud that squelches and squeezes through your toes, while seagulls circle and cry above an endless horizon and the mud flats and the tidal inlets shine like fluid gold in the light of the setting sun. Depending upon whether it is high or low tide, the North Sea will present either a picture of crashing waves or of grey mud; sometimes it is the turn of the surfers, at other times the walkers.

Qui n'a jamais rêvé de marcher sur le fond de la mer sans se mouiller ? Pieds nus, les orteils s'enfonçant avec délice dans le limon, on perçoit le cri strident des mouettes qui tournoient dans l'horizon infini, tandis que le soleil couchant dessine des coulées d'or sur les chenaux et les grèves. Le flux et le reflux modèlent le paysage côtier de la mer du Nord : parfois déferlement de flots, idéal pour le surf, parfois vastes rivages humides à explorer.

Unverzichtbarer Bestandteil bei der Planung einer Wattwanderung: der Tidenkalender. Man sollte rund anderthalb Stunden vor Niedrigwasser, das heißt bei ablaufendem Wasser starten, denn die (Rück-)Fließgeschwindigkeit kann bis zu zwei Meter in der Sekunde (!) betragen und im flachen Watt immer noch 30 Zentimeter in der Sekunde. Wattwanderungen mit Nationalparkrangern werden in vielen Küstenorten und Inseln von den Watt-Informationszentren angeboten, beispielsweise in Friedrichskoog, Büsum, Husum und der Hallig Hooge.

The most essential item for a walk over the mudflats is a copy of the tide tables. You should start out about one and a half hours before low tide, because the (back)flow velocity can attain an alarming speed of up to two metres a second, and even on the mud flats it can reach thirty centimetres a second. In many places on the coast and the islands, national park rangers offer guided walks over the flats, organised by local information centres such as those of Friedrichskoog, Büsum, Husum and Hallig Hooge.

Il faut absolument consulter le calendrier des marées avant une randonnée, surtout si elle est longue : le départ devrait s'effectuer une heure et demie avant le reflux complet, car la vitesse du flux atteint deux mètres par seconde et 30 centimètres quand on se trouve encore sur le rivage plat. Dans plusieurs stations balnéaires et îles, des centres d'informations des Watten proposent des randonnées avec des rangers du parc national, par exemple à Friedrichskoog, Büsum, Husum et sur la Hallig Hooge.

Insel PELLWORM, Leuchtturm

Die Insel Pellworm entstand bei der zweiten „Groten Mandränke" im Jahr 1634: Die Sturmflut riss die Insel Strand auseinander und trennte Pellworm als eigenständiges Eiland ab. Hoch in den Himmel ragt der rot-weiß gestreifte Leuchtturm im Süden seit 1907 – heute dient er auch als „Deutschlands höchstes Standesamt". Auf der „Öko-Insel" Pellworm, ebenfalls unübersehbar, drehen die modernen Windräder ihre Runden, wie einst die beeindruckende Nordermühle im Norden: Sie stammt aus dem Jahr 1652 und lädt heute als Gaststätte zu Speis und Trank.

PELLWORM island, lighthouse

The island of Pellworm first appeared after the second Great Flood of 1634. The storm tore the island of Strand apart, cutting off the section that is now Pellworm, which thus became an island in its own right. The great red and white striped lighthouse in the south has dominated the view since 1907. Today it serves as Germany's highest registry office. On ecology conscious Pellworm, modern windmills rotate rather as their predecessors did, among them the impressive Nordermühle on north Pellworm, which dates from 1652 and today houses a restaurant.

Insel PELLWORM, / phare

L'île de Pellworm provient du deuxième grand raz-de-marée de 1634, lorsque l'île de Strand a été déchiquetée par les flots, un de ses morceaux devenant Pellworm. Depuis 1907, le phare rayé rouge et blanc se dresse au sud de l'île et sert également aujourd'hui de salle de mariage, – « la plus haute salle de mariage d'Allemagne ». Aussi visibles sur l'île écologique sont les éoliennes modernes qui tournent au vent comme autrefois l'imposant moulin dit Nordermühle dans le nord de l'île : datant de 1652, il abrite aujourd'hui une auberge pittoresque.

Auf Pellworm wird Natur- und Umweltschutz groß geschrieben: Auf den etwa 50 Bauernhöfen wird noch zünftige Land- und Viehwirtschaft betrieben, mit Kuhmist, Gänsegeschnatter, Rindviechern und Schafen – den Maskottchen Pellworms. Die Tiere sind unentbehrlich für den Küstenschutz: Mit ihren kleinen Klauen treten die Schafe die stets kurzgenagten Deichgräser fest, und der Deich wird stabiler – ein Vorgang den keine Maschine so gut wie die Schafe leisten kann. Im Sommer zieht eine Orgelkonzertreihe in der Alten Kirche St. Salvator die Besucher in Scharen an.

Nature conservancy and environmental protection are a priority on Pellworm. The island's fifty or so farms maintain the highest standards of agriculture and animal husbandry, with dung heaps, cackling geese, cows and of course sheep, Pellworm's mascots. Sheep are an indispensable factor of coastal protection, as they stabilise the dike far better than any machine by keeping the grass low and treading it down with their thin hooves. Each summer crowds of visitors are attracted to a series of organ concerts given in the old church of St Salvator.

La nature et la protection de l'environnement sont deux termes très importants à Pellworm : dans les quelque 50 fermes de l'île, la culture et l'élevage sont encore pratiqués à l'ancienne, avec du fumier de vache, un troupeau d'oie, des bestiaux et des moutons. Mascotte de Pellworm, le mouton est indispensable à la protection des côtes : avec leurs petits sabots, les ovins piétinent les herbages des digues, consolidant ainsi le terrain – un travail qu'aucune machine ne pourrait mieux accomplir. En été, les concerts d'orgue dans la vieille église St. Salvator attirent un public nombreux.

Hallig Hooge wird die „Königin der Halligen" genannt, weil der dänische König Friedrich VI. 1825 hier wegen eines Unwetters übernachten musste: Dies tat er in einem typischen Alkoven, dem Bett in der Wand, im herrlich ausgestatteten Königspesel, der „guten Stube" eines Kapitäns namens Tade Hans Bandiks. Die Einrichtung zeugt noch heute vom Wohlstand der Seefahrer-Ära. — Die rund zehn Kilometer lange Hallig Langeneß ist erst vor rund hundert Jahren aus drei Halligen zusammengewachsen, die zuvor nur durch Dämme verbunden waren – damit ist sie die größte Hallig.

Hallig Hooge is named the Queen of the Halligen because the Danish king Frederick VI once had to stay overnight here on account of a storm. He slept in a typical bed in an alcove, in the splendidly furnished parlour of a sea captain named Tade Hans Bandiks. This has now been converted to a museum, bearing witness to the prosperity of a great seafaring era. — Hallig Langeness is about ten kilometres long and arose about a century ago when three Halligen, which till then had been linked only by a dam, amalgamated, forming what is now the largest Hallig.

La Hallig Hooge est appelée la « Reine des Halligs » depuis qu'une tempête obligea le roi danois Frédéric VI à y faire halte en 1825. Il passa la nuit dans l'alcôve traditionnelle du salon de réception d'un capitaine nommé Tade Hans Bandiks. L'ameublement princier de la salle « Königspesel » témoigne de la prospérité de la marine marchande à cette époque — Longue de quelque dix kilomètres, la Hallig Langeneß est depuis une centaine d'années la fusion de trois Halligs qui jusqu'alors étaient réunies par des digues. Elle est ainsi la plus grande des îles Halligs.

Die älteste und kleinste bewohnte Hallig ist Oland. Sie wurde erstmals 1231 urkundlich erwähnt, besteht aus einer einzigen Warft mit einer kleinen reetgedeckten Kirche aus dem Jahr 1824 und dem einzigen reetgedeckten Leuchtfeuer Europas. Die Sturmflut geplagten Bewohner setzten ihre Höfe vor Jahrhunderten auf aufgeschüttete Erdhügel, den Warften. Von einst mehr als 100 Halligen existieren heute nur noch zehn: Die Hälfte ist unbewohnt und dient dem Vogel- und Küstenschutz, wie Habel, Norderoog, Süderoog und Südfall.

The oldest and smallest inhabited Hallig is Oland, first recorded in 1231. It consists of a single "Warft" with a small reed thatched church dating from 1824 and the only reed thatched beacon in Europe. Centuries ago, the people of the Halligen, constantly plagued by disastrous storm floods, built their farmsteads on huge manmade mounds known as "Warften". Once there were over 100 Halligen, but only ten exist today. Half are now uninhabited, such as Habel, Norderoog, Süderoog und Südfall, and are used for coastal protection and as bird sanctuaries.

Oland est la plus ancienne et la plus petite des Halligs habitées. Attestée pour la première fois en 1231, elle est composée d'une unique colline artificielle sur laquelle se dresse une petite église au toit de roseaux datant de 1824 et le seul phare à toit de roseaux d'Europe. Il y a des siècles, pour échapper aux raz-de-marée, les habitants des Halligs créèrent ces collines de terre remblayée appelées « Warft ». Des 100 Halligs d'origine, il n'en existe plus que dix aujourd'hui. La moitié est inhabitée, et abrite des colonies d'oiseaux, ainsi Habel, Norderoog, Süderoog et Südfall.

Theodor Storm sah die Nordsee-Inseln wie „Träume im Nebel auf dem Meer" schwimmen. Und tatsächlich: Auf Amrum leuchtet weiß und schier endlos der Kniepsand. Von Amrum, Föhr und den Halligen stammten die meisten deutschen Seefahrer, die vor rund 300 Jahren als Walfänger ins Polarmeer ausschwärmten. Die „sprechenden" Grabsteine – etwa 90 stehen auf dem Friedhof Amrums und die guten Stuben der Kapitäne erzählen von Reichtum und Abenteuern dieser Ära. Die Friesen gelten noch heute auf der ganzen Welt als ausgezeichnete Seefahrer.

Maybe when Theodor Storm saw the North Sea islands as floating like "dreams in the mist on the sea", he had Amrum in mind, with its elongated gleaming white sandbank of Kniepsand. Most German seamen who sailed the Polar seas 300 years ago as whalers came from Amrum, Föhr and the Halligen. In Amrum cemetery about 90 tombstones are engraved with maritime motifs and tales of sailors" lives, and the ornately furnished captains" parlours also tell of the wealth and intrepid spirit of this era. Frisians still enjoy an international reputation as fine seamen.

Theodor Storm voyait les îles de la mer du Nord comme des « rêves nébuleux nageant sur la mer ». De fait, les rivages de sable d'Amrum brillent d'un blanc éclatant. La plupart des marins allemands qui pratiquaient la pêche à la baleine il y a 300 ans dans les mers polaires, étaient originaires d'Amrum, de Föhr et des Halligs. Les tombes gravées d'épitaphes – le cimetière d'Amrum en abrite environ 90. Les salons des capitaines, témoignent de la richesse et des voyages aventureux de cette époque. Aujourd'hui encore, les Frisons ont une réputation de grands marins dans le monde entier.

Vor Amrum liefen bei Stürmen im 17. bis 19. Jahrhundert viele Schiffe wegen der zahlreichen Sandbänke auf Grund. Die Insulaner nutzten diesen „Strandsegen" zum Strand- und Seeraub – meist legal, denn ein Drittel vom Wert des Geborgenen konnte der Finder behalten. Für mehr Sicherheit in der Seefahrt sorgte ab 1875 der Wittdüner Leuchtturm – mit 64 Metern der höchste an der schleswig-holsteinischen Westküste. Der bildschöne Hauptort Nebel bezaubert mit seinen reetgedeckten Kapitänshäuschen (wie dem „Öömrang Hüs" aus 1736), Cafés und Läden.

From the 17th to 19th centuries, storms caused many ships to run aground on the numerous sandbanks round Amrum. The islanders saw the cargo as booty and would plunder the ships and the beach, mostly legally, as they were entitled to a third of the value of their finds. Wittdüner lighthouse, 64 m high, was built in 1875 to safeguard local shipping. It is the tallest lighthouse on Schleswig Holstein's west coast. In Nebel, the attractive island capital, there are cafes, shops and enchanting reed thatched captains' dwellings like the Öömrang Hüs of 1736.

Lors des tempêtes, du XVIIe au XIXe siècle, de nombreux navires échouaient sur les bancs de sable devant les côtes d'Amrum. Les insulaires profitaient de la manne venue de la mer car ils pouvaient légalement conserver un tiers de tout ce qu'ils avaient ramassé sur le rivage. La sécurité de la navigation maritime s'accrut à partir de 1875 avec l'installation du phare de Wittdüner ; mesurant 64 mètres, il est le plus haut sur la côte ouest du Schleswig-Holstein. Ravissante, la localité de Nebel abrite de pittoresques maisons de capitaines aux toits de roseau comme le « omrang Hüs » de 1736.

Die zweitgrößte Insel der Nordsee liegt im Windschatten von Sylt und Amrum und besitzt daher ein ausgesprochen mildes Klima. Sie wurde erstmals urkundlich 1231 erwähnt. Nach der Walfangära im 17. bis Mitte des 19. Jahrhunderts wanderten viele Föhrer Familien als Delikatessenhändler oder Goldgräber nach Nordamerika aus. Das Seebad Wyk wurde 1819 als erstes in Nordfriesland gegründet: Der dänische König verbrachte hier in den 1840er Jahren seine Ferien.

The second largest North Sea island is situated on the lee side of Sylt und Amrum and thus enjoys an extremely mild climate. It was first recorded in 1231. With the end of the whaling era, which lasted from the 17th to the mid 19th century, many families from Föhr emigrated to North America as gold diggers or delicatessen owners. The beach resort of Wyk, founded in 1819, was the first of its kind in North Friesland, and in the 1840s the King of Denmark used to spend his holidays here.

La deuxième île de la mer du Nord par ses dimensions s'étend à l'ombre de Sylt et d'Amrum qui coupent les vents, ce qui lui donne un climat très tempéré. Elle est attestée pour la première fois en 1231. Après l'époque de la pêche à la baleine du XVIIe au milieu du XIXe siècle, de nombreuses familles de Föhr émigrèrent en Amérique comme chercheurs d'or ou commerçants d'épicerie fine. Fondée en 1819, Wyk est la première station balnéaire de la Frise septentrionale. Le roi danois y villégiaturait dans les années 1840.

Ein bisschen Inselstatistik: Die rund 9.000 Einwohner leben heute nicht nur vom Tourismus. Es gibt noch mehr als 100 Bauernhöfe auf der 82 Quadratkilometer großen Insel mit elf Dörfern. Außerdem 11.000 Rindviecher, rund 850 Pferde, 144 Kilometer Radwege mit zwei „Fahrrad-tankstellen", 15 Kilometer Strand und das Meer nach allen Seiten. Mehr Meer geht nicht. Die reetgedeckten Kapitänshäuser sind der ganze Stolz der Föhrer, etwa 60 stehen allein im Dorf Nieblum. Sie zeugen vom Reichtum der Kapitäne aus der Walfangära.

A few interesting statistics: there are about 9,000 inhabitants, though not all live from the tourist trade. The island has an area of over 82 square kilometres, with 11 villages and over 100 farms. There are 11,000 cattle, about 850 horses, 144 kilometres of cycle paths with two cycle stops offering refreshments, 15 kilometres of beaches and sea on all sides. The reed thatched captains' dwellings are the pride of the islanders, and about sixty can be found in the village of Nieblum alone, witnesses to the prosperity of sea captains in the bygone age of whaling.

Quelques données sur l'île : les quelque 9 000 habitants ne vivent pas seulement du tourisme. Il existe encore plus de 100 fermes réparties dans les 11 villages de l'île de 82 kilomètres carrés. On compte 11 000 têtes de bestiaux, environ 850 chevaux, 144 kilomètres de pistes cyclables, 15 kilomètres de plage, sans oublier la mer omniprésente. Les maisons de capitaines à toits de roseau sont la fierté des habitants de Föhr ; on en trouve 60 pour le seul village de Nieblum. Elles racontent la prospérité des capitaines à l'époque des baleiniers

Es gibt viel tun und viel zu sehen auf Föhr: Die St.-Nicolai-Kirche, Mitte des 13. Jahrhunderts erbaut, sollte man sich ansehen wegen der herrlichen Gewölbemalerei aus der Spätgotik und der 700 Jahre alten Statue des Hl. Nicolaus. Im Carl-Haeberlin-Friesenmuseum in Wyk sind Föhrer Trachten zu sehen, traditionelles Handwerk und Walfänger-Urkunden, außerdem steht hier eine kleine Bockmühle und das Haus Olesen, ein Ständerbau und das älteste Haus Nordfrieslands aus dem Jahr 1617.

There's plenty to do and see on Föhr. The church of St. Nicolai, built in the mid 13th century, is well worth a visit for its fine Late Gothic painted vaulting and its 700 year old statue of St Nicholas. Exhibits in the Carl Haeberlin Frisian Museum in Wyk include examples of traditional local costumes and crafts, whaling certificates, a small postmill and the timber framed Haus Olesen of 1617, the oldest house in North Friesland.

Il y a beaucoup faire et à voir sur Föhr : l'église St.Nicolas, bâtie au milieu du XIIIe siècle, abrite de superbes fresques sur les voûtes de style gothique tardif et une statue de saint Nicolas de 700 ans. Dans le musée Carl-Haeberlin-Friesenmuseum à Wyk, on peut admirer des costumes folkloriques et de l'art artisanal locaux, ainsi que des documents sur la pêche à la baleine. En outre, on peut visiter un petit moulin et Haus Olesen, la plus ancienne maison conservée de la Frise septentrionale, bâtie en 1617.

650.000 Jahresgäste können nicht irren! Aber die größte und nördlichste aller deutschen Nordsee-inseln hat zwei Gesichter – mindestens: den Sylter Westen mit Kampen und Westerland, wo Meeres-rauschen und Partymusik den Ton angeben. Und das eher stille Sylt-Ost in Morsum mit seiner weiten Wattlandschaft, wo es scheint, als duckten sich die reetgedeckten Friesenhäuser in den einsamen Heidetälern zwischen die Dünen. Auf insgesamt rund 200 Kilometern Radwegen, teils alten Bahntrassen, lässt sich die Insel abseits der belebten Straßen und Orte in aller Ruhe erkunden.

Six hundred and fifty thousand holiday makers can't be wrong! But there are at least two sides to this largest and most northerly of Germany's North Sea islands. There is the western part, with Kampen and Westerland, where crashing waves and lively partygoers prevail, and the peaceful eastern part in Morsum, with its expanses of mudflats and reed thatched Frisian houses that seem to crouch in the lonely heathland amid the dunes. The best way to see Sylt at your leisure is to explore it via the 200 kilometres of cycle paths, some of them aban-doned railway tracks, which avoid the busy streets.

650 000 estivants chaque année ne peuvent se tromper ! Si prisée, la plus grande et la plus septentrionale de toutes les îles allemandes de la mer du Nord a au moins deux visages : une face ouest avec Kampen et Westerland, où le mugisse-ment de la mer rivalise avec la musique des fêtes sur la plage ; et une face est avec Morsum , plus paisible, avec de vastes étendues de Watten où les maisons frisonnes traditionnelles semblent se cacher dans des vallées de landes solitaires. Quelque 200 kilomètres de pistes cyclables offrent la possibilité de découvrir les charmes de Sylt.

◁ **INSEL SYLT, Hafen Hörnum**

Auf Sylt stehen noch rund 200 historische Reetdachhäuser, die ältesten aus dem 17. Jh. In Keitum, dem schönsten Ort, sieht man auch die schönsten Exemplare: Typisch sind das weit heruntergezogene Reetdach in Ost-West-Richtung, als Windschutz, die zweigeteilte „Klöndöör" für den nachbarschaftlichen Informationsaustausch) und der Spitzgiebel über der Eingangstür. Die wohlhabenden Walfang-Kapitäne ließen ihre Häuser zudem mit wertvollen roten und grünen Backsteinen errichten.

SYLT ISLAND, Hörnum harbour

There are about 200 historic reed thatched houses on Sylt, the oldest of which date from the 17th century. The finest examples can be found in Keitum, the island's most attractive village. Look out for typical features such as low hanging thatched roofs with an east west alignment as a precaution against the prevailing winds, two part stable doors – to keep out draughts when housewives wanted a chat and a pointed gable over the entrance. Wealthy whaling captains preferred houses built from expensive red and green bricks.

ÎLE SYLT, Hörnum, port

Sylt abrite encore environ 200 maisons à toits de roseau, dont les plus anciennes datent du XVIIe siècle. On peut en admirer les plus beaux exemplaires à Keitum, le plus joli village de l'île : typiques sont les toits penchés en direction est-ouest et les portes d'entrée avec un battant ouvrable en haut, ce qui permettait à la maîtresse de maison de papoter sans sortir de la maison. Par ailleurs, les capitaines de baleiniers prospères faisaient construire leurs demeures en briques rouges et vertes, matériau alors très onéreux.

◁ **INSEL SYLT, Keitum, Kapitänshaus**

INSEL SYLT, Kampen am Roten Kliff ▷

Einmal im Jahr herrscht multikulturelles Karibik-Flair in Westerland: Der Surf World Cup lockt die Surfer und Surflegenden aus aller Welt an die Nordsee. Statt Bikini-Schönheiten und Palmen bestimmen Neoprenanzüge und dicke Windjacken die Szenerie Ende September. Das Wasser hat dann nur noch 16 Grad! Und so manch ein aus Fidschi oder Barbados angereister Wellenreiter stürzt sich hier in die kalte Nordsee mit ihrem auflandigen Wind und den hohen Wellen, denn: 100.000 Euro Preisgeld locken.

Once a year, Westerland is dominated by a multicultural Caribbean flair when the Surfing World Cup attracts aficionados from all over the world to the North Sea, though in late September, neoprene suits and anoraks set the scene rather than palms and bikini clad beauties, and the water temperature is a chilly 16 degrees. Surfers from Fiji and Barbados nonetheless brave the cold and the onshore winds to launch themselves into the giant breakers, for the prize money amounts to 100,000 Euros.

Chaque année, une ambiance caraïbe multiculturelle règne à Westerland : la Surf World Cup attire les surfers du monde entier et les grands noms du sport sur la mer du Nord. Ici, les combinaisons en néoprène et les anoraks épais remplacent les bikinis et les paréos sous les palmiers. Car fin septembre, l'eau n'a que 16 degrés ! Mais cela n'empêche pas les surfers passionnés venus de la Barbade ou des îles Fidji de se lancer à l'assaut des vagues et des vents de la mer du Nord, car un prix de 100 000 euros attend le vainqueur.

Die Rundreise durch Schleswig-Holstein erreicht nun die Ostseeküste – mit stetem Blick auf die dänische See. Im äußersten Nordzipfel Deutschlands, nahe der Grenze zu Dänemark, liegt die Stadt Flensburg, wo man heute noch eine Mischung aus Deutsch, Plattdeutsch und Dänisch hören kann. Sogar eine dänische Zeitung, Schule und Vereine der dänischen Minderheit konnten sich im hohen deutschen Norden behaupten. Doch von den einstigen Kriegen zwischen den beiden Nachbarn bis ins 19. Jahrhundert ist heute nichts mehr zu spüren.

Our round trip through Schleswig Holstein now brings us to the Baltic coast, where the seaward view extends into Danish waters. Here, at the very northernmost point of Germany, near the Danish border, we find the town of Flensburg, where these days you can still hear a mixture of German, Low German dialect and Danish. The Danish minority assert their presence in the far north of Germany with a Danish newspaper, a school and also societies. Today, however, no trace remains of the wars waged between the two neighbours well into the 19th century.

Le circuit à travers le Schleswig-Holstein conduit à présent sur le littoral de la Baltique – face aux côtes danoises. À l'extrémité septentrionale de l'Allemagne, près de la frontière du Danemark, s'étend la ville de Flensburg, ou aujourd 'hui encore, on entend parler le danois, outre l'allemand et le dialecte du terroir. Dans cette région du nord de l'Allemagne, la communauté danoise a ses propres journal, école et associations. Il ne reste aucune trace des guerres qui ont opposé les deux pays voisins jusque dans le XIXe siècle.

„Flensburg – das flenst!" Mit diesem eingängigen, jugendlichen Werbespruch einer Flensburger Brauerei kann nicht nur die wunderschöne Silhouette Flensburgs gemeint sein. Die 1284 gegründete Stadt an der lang gestreckten Flensburger Förde bezaubert in ihrer Altstadt mit restaurierten Kaufmannshöfen aus dem 16. Jahrhundert: Hier gingen Handelsreisende, Handwerker, Kapitäne und Matrosen ein und aus – heute ein lebendiges Viertel mit vielen Kneipen, Cafés und Boutiquen, über das sich der Turm der Marienkirche erhebt (1284 – 1445 erbaut).

Flensburg beer comes in swing top bottles, and the opening "plop" sound has become a trademark of the Flensburg brewery and also of the town itself. Flensburg, with its photogenic silhouette, was founded in 1284 on the inlet of Flensburg Fjord. It has an enchanting Old Town, with restored merchants' mansions from the 16th century once frequented by travelling tradesmen, craftsmen, captains and sailors. Today this is a lively quarter where numerous taverns, cafes and boutiques cluster below the spire of the Marienkirche, built between 1284 and 1445.

« Flensburg fait fureur ! » Ce slogan publicitaire d'une brasserie de la ville ne fait pas seulement allusion à la beauté particulière de Flensburg. Fondée en 1284, la ville portuaire qui s'étend sur la vaste baie dite Flensburger Förde abrite d'anciens quartiers (Altstadt) riches en superbes édifices restaurés du XVIe siècle. Négociants, artisans, capitaines, marchands de passage et matelots habitaient ou fréquentaient l'Alstadt, aujourd'hui animée par les brasseries et boutiques, et que domine le clocher de l'église Notre-Dame, bâtie en 1284-1445.

Nicht nur Bier, auch Rum spielt eine besondere Rolle in Flensburg: Alljährlich im Mai treffen sich bei der Rum-Regatta die Gaffelsegler und rund 30.000 Besucher in der Hafenstadt. Mehr als 100 Traditionssegler segeln um den wohlgemerkt z w e i t e n Platz unter dem Motto: „Lieber heil und zweiter als kaputt und breiter“. Prämie ist – na was wohl: eine Drei-Liter-Flasche Rum. Die Rum-Tradition Flensburgs stammt noch aus jenen Tagen, als die hiesigen Handelsschiffe Zuckerrohr aus den dänischen Kolonien in der Karibik nach Deutschland transportierten.

Not only beer but also rum plays an especial role in Flensburg. During the annual Rum Regatta in May, a meeting of gaff rigged yachts attracts about 30,000 visitors to the harbour town. Over 100 traditional craft set sail in the hope of taking – that's right, second place, true to the motto “Rather fit and a flop than a wreck and up top“. The prize is, not unexpectedly, a three litre bottle of rum. Flensburg's connections with rum hark back to the days when local cargo vessels transported sugar cane to Germany from Danish colonies in the Caribbean.

Le rhum joue le premier rôle à Flensburg : tous les ans en mai, quelque 30 000 spectateurs assistent depuis le Bollwerk sur le port aux régates du Rhum. Plus de 100 voiliers traditionnels prennent le départ de cette course avec l'intention d'arriver second, selon la devise : « Mieux vaut être deuxième et en pleine forme que premier et épuisé ». En effet, le prix remporté est une bouteille de 3 litres de rhum ! Cette tradition du rhum remonte à l'époque où les navires marchands rapportaient la canne à sucre des colonies danoises des Caraïbes au port de Flensburg.

Von fast unwirklicher Schönheit im Wasser gelegen und widergespiegelt präsentiert sich das Schloss Glücksburg: ein prachtvoller Renaissancebau mit achteckigen Türmen aus dem 16. Jh. Das Wasserschloss ist bekannt aus der Adelsserie „Der Fürst und das Mädchen" mit Maximilian Schell in der Hauptrolle. Das Anwesen öffnet seine Pforten nicht nur für Museumsbesucher, sondern beispielsweise auch für Ausstellungen, Kinderfeste, Opern und Hochzeitsgesellschaften. Das Städtchen Glücksburg zieht im Sommer als beliebtes Seebad die Badegäste in Scharen an.

Reflected in the surrounding waters, Schloss Glücksburg possesses an almost unreal beauty. This splendid Renaissance moated palace with octagonal towers dates from the 16th century. It will be familiar to German readers through a TV series about aristocratic life, "Der Fürst und das Mädchen", with Maximilian Schell in the leading role. The Schloss is open to museum visitors, and exhibitions, children's festivals, opera and weddings also take place here. The little town of Glücksburg is a popular beach resort that attracts crowds of bathers in summer.

D'une beauté incomparable, le château de Glücksburg se mire dans l'eau : un magnifique édifice de style Renaissance, aux tours octogonales, construit au XVIe siècle. Il est aujourd'hui très connu grâce à la série télévisée « Le prince et la jeune fille » avec Maximilian Schell dans le rôle principal. En outre d'être un musée, le château ouvre aussi ses portes aux expositions, aux opéras, aux fêtes de mariages et autres célébrations privées. Glücksburg est une petite station balnéaires très prisée en été.

Eine wahre Augenweide begegnet dem Reisenden am Geltinger Noor: die 1794 erbaute Windmühle Charlotte – Wahrzeichen der Gemeinde Angeln. Als Schöpfmühle sorgte sie mit anderen Mühlen einst für die Entwässerung der Region. Die sandig-moorige Halbinsel mit ihren Schilfsümpfen, Salzwiesen und Dünen nördlich der Mühle steht als Geltinger Birk unter Naturschutz und bietet Tausenden von Vögeln einen Lebensraum, darunter Braunkehlchen, Rotschenkel und Tüpfelralle.

In Geltinger Noor, the sight of the Charlotte windmill, dating from 1794, provides visitors with a true feast for the eyes. The mill is the landmark of the parish of Angeln and was once just one of many wind pumps that served to drain the region's marshes. North of the mill, Geltinger Birk, a peninsula of sand and marshland with reedbeds, salt meadows and dunes, is a nature reserve that provides an ideal habitat for thousands of birds such as whinchats, redshanks and spotted crakes.

Le terroir du Geltinger Noor abrite un véritable joyau : le moulin à vent Charlotte construit en 1794 et symbole de la commune d'Angeln. Autrefois, ce moulin était un parmi bien d'autres qui servaient à l'assèchement de la région. S'étendant au nord du moulin, la presqu'île mi-sableuse, mi-marécageuse, recouverte de marais roseliers, de prés salés et de dunes, appelée Geltinger Birk, est un environnement protégé et abrite des milliers d'oiseaux dont des traquets, des rouges-queues et des râles mouchetés.

Das kleine Seefahrer- und Fischerstädtchen Kappeln am Westufer der Schlei blickt auf eine lange Tradition zurück: Bereits vor mehr als 600 Jahren siedelten hier Seeleute, und die Fischer fingen Heringe damals schon in speziellen Heringszäunen. Diese in Europa einzigartige Einrichtung veranschaulicht heute noch der Ellenberger Heringszaun an den Kappelner „Heringstagen": eine Art Unterwasser-Barriere im Fluss aus Büschen, Pfählen und Reusen. Seit 2002 befördert die Klappbrücke in Kappeln den Verkehr über die Schlei.

The small seafaring and fishing town of Kappeln, on the west bank of a narrow inlet named the Schlei, looks back on a long tradition. Seamen settled here over 600 years ago, and fishermen caught herring in a special kind of trap. The technique of the Ellenberg Herring Fence, which is unique in Europe, is demonstrated during the Kappeln Herring Festival in spring. The fence consists of an underwater barrier of shrubs, stakes and nets that offer no way out for spawning fish. Since 2002, the bascule bridge in Kappeln has carried traffic over the Schlei.

Kappeln, petite ville de marins et de pêcheurs sur la rive ouest de la baie appelée Schlei, a une longue histoire à raconter. Il y a 600 ans déjà, les pêcheurs capturaient les harengs dans des enclos spéciaux, uniques en Europe. Aujourd'hui encore, l'enclos d'Ellenberger, une sorte de barrière sous-marine de fourrés, pieux et nasses sur la Schlei, d'où les harengs qui ont frayé ne peuvent plus s'échapper, est une attraction lors des fêtes du hareng de Kappeln. Depuis 2002, le pont basculant de Kappeln règle la circulation maritime de la Schlei.

Wir erreichen nun das historische Zentrum Schleswig-Holsteins und dessen älteste Stadt: Schleswig ist mit rund 1.200 Jahren sogar eine der ältesten Städte in Nordeuropa. Ihre wirtschaftliche Blüte erlebte sie ab Mitte des 11. Jahrhundert nach der Zerstörung der Wikingersiedlung Haithabu am anderen Ufer der Schlei. Sie war Bischofssitz, Herzogsresidenz und ist heute ein Touristenmagnet und Kulturzentrum. Weithin sichtbar sind der neugotische Turm des St. Petri-Doms (19. Jahrhundert) und das imposante Schloss Gottorf.

We now arrive at the historic centre of Schleswig Holstein – its oldest city, Schleswig, about 1,200 years old, and indeed one of the oldest towns in Northern Europe. Its heyday as a mercantile centre began in the mid 11th century, after the destruction of the Viking settlement of Haithabu on the opposite bank of the Schlei. Once a bishop's see and a ducal seat, Schleswig today is a cultural centre and attracts numerous tourists. The neo Gothic tower of the 19th century St Peter's Cathedral and the imposing Schloss Gottorf are visible from afar.

Nous atteignons maintenant Schleswig, la plus ancienne ville de la région et le centre historique du Schleswig-Holstein : fondée il y a environ 1 220 ans, la cité est l'une des plus anciennes de l'Europe du Nord. Elle connut un âge d'or économique à partir du milieu du XIe siècle, après la destruction de Haithabu, le comptoir viking qui était situé sur l'autre rivage de la Schlei. Schleswig a été évêché, résidence ducale et est aujourd'hui un centre culturel et touristique très fréquenté. La tour néo-gothique de la cathédrale (XIXe siècle) et l'imposant château de Gottorf sont visibles de loin.

Die frühere Residenz der Herzöge von Schleswig und Schleswig-Holstein-Gottorf war im 16./17. Jh. aus der einstigen Wasserburg zum vierflügeligen barocken Schloss umgebaut worden. In dem heute größten Museumskomplex in Norddeutschland warten wahre Schätze auf den Besucher: beispielsweise das 23 Meter lange Nydamboot, das älteste hochseetüchtige Ruderboot Europas aus dem 4. Jahrhundert, die größte Kutschensammlung in Nordeuropa, die berühmten Moorleichen aus der Eisenzeit, das Globushaus und Kunstwerke von unschätzbarem Wert.

This former residence of the Dukes of Schleswig and Schleswig Holstein Gottorf was converted from a moated castle to a four winged Baroque palace between the 16th and 17th centuries. Today it houses the largest museum complex in North Germany. One of the many treasures in its collection is the 4th century Nydamboot, 23 metres long and the oldest seaworthy rowing boat in Europe. You can also marvel at the biggest coach collection in Northern Europe, the famous Iron Age mummified marsh corpses, the Globe House and art treasures of inestimable value.

Jadis château à douves, l'ancienne résidence des ducs de Schleswig et de Schleswig-Holstein-Gottorf fut transformée aux XVIe et XIIe siècles en un château baroque. Il abrite aujourd'hui le plus grand musée d'Allemagne du Nord et renferme de véritables trésors dont le Nydamboot, la plus ancienne barque à rames de haute mer d'Europe, longue de 23 mètres et construite au IVe siècle, la plus grande collection de calèches d'Europe du Nord, les célèbres cadavres des marais de l'âge du fer, le Globushaus et de nombreuses œuvres d'art d'une valeur inestimable.

Ein prachtvoller Höhepunkt in Schloss Gottorf: Die 1590 errichtete Herzogliche Betstube in der Kapelle ist über zwei Stockwerke reich geschmückt mit korinthischen Säulen, Ölgemälden, Schnitzereien und Intarsien. Die Gemälde von Marten van Achten stellen Szenen aus der Bibel dar. Der Altar aus dem Jahr 1666 besteht aus Ebenholz mit Silberreliefs und ist ein Werk des Hamburger Goldschmieds Hans Lambrecht. Die ebenfalls kostbar verzierte Kanzel aus dem Jahr 1592 stammt von Heinrich Kremberg.

A highlight of any visit to Schloss Gottorf is the splendid Duke's gallery in the chapel, dating from 1590. It extends over two floors and is opulently embellished with Corinthian pillars, oil paintings, intricate carvings and wood inlays. The paintings by Marten van Achten illustrate scenes from the Bible. The altar of 1666 is made of ebony with silver reliefs and is the work of the Hamburg goldsmith Hans Lambrecht. The pulpit of 1592, by Heinrich Kremberg, is also richly ornamented.

Un superbe point d'orgue des collections du château de Gottorf : la chapelle ducale à deux niveaux richement décorée avec des piliers corinthiens, des tableaux à l'huile, des bois sculptés et des marqueteries. Les peintures de Marten van Achten représentent des scènes bibliques. L'autel construit en 1666 est fabriqué en bois d'ébène enrichi de reliefs en argent et est une œuvre de l'orfèvre hambourgeois Hans Lambrecht. La chaire, également richement décorée date de 1592, et est due à Heinrich Kremberg.

Kurz vor den südlichen Toren der Stadt Schleswig betritt man erneut historisches Terrain: Im Wikingermuseum Haithabu, errichtet auf den Siedlungsresten des vor rund tausend Jahren größten Handelsortes Nordeuropas, ist ein Wikingerdorf rekonstruiert worden. In dem Handelszentrum am Haddebyer Noor lebten im 10. Jahrhundert mehr Menschen als im damaligen Köln, das übrigens ebenfalls Opfer der berüchtigten Raubzüge der Wikinger wurde. Archäologische Funde sind zu bestaunen, zum Beispiel Thorshammer, Symbol für den Gott Thor.

On the southern outskirts of the town of Schleswig, you again step into historical terrain. A Viking village has been reconstructed in Haithabu Viking Museum, which stands on the remains of a settlement that a thousand years ago was Northern Europe's largest trading community. In the 10th century, the population of this harbour town in Haddebyer Noor exceeded that of Cologne, which incidentally, was itself a victim of the notorious Viking raids. In the museum you can admire archaeological finds like the Thorshammer, a symbol of the god Thor.

Peu avant la ville de Schleswig, on traverse une page d'histoire: le musée de Haithabu, un village viking reconstitué, s'étend à l'emplacement du plus grand comptoir commercial d'Europe du Nord qui existait ici il y a mille ans. Au Xe siècle, vivaient dans cette colonie établie au Haddebyer Noor plus de gens qu'à Cologne, qui fut par ailleurs aussi victime des raids de piraterie des Vikings. Le musée abrite de nombreux objets retrouvés lors de fouilles archéologiques dont le marteau de Thor, emblème du dieu guerrier scandinave.

HAITHABU, Schiffshalle

Die nordgermanischen Raubeine brachen mit den berühmten Wikingerbooten zu ihren Raubzügen und Entdeckungsfahrten auf, beispielsweise den Rhein aufwärts nach Köln und Trier, ins östliche Mittelmeer und sogar an die nordamerikanische Ostküste. Diese weiten Seereisen waren nur möglich wegen der stromlinienförmigen Bauweise der Langschiffe. In der Schiffshalle des Wikingermuseums werden das königliche Langschiff aus dem Hafen von Haithabu sowie die Überreste von zwei weiteren Wracks präsentiert.

HAITHABU, ship hall

The North Germanic buccaneers set out in their famous Viking ships on raiding expeditions and journeys of discovery that took them, for instance, up the Rhine to Cologne and Trier, to the eastern Mediterranean and even to the east coast of North America. These protracted sea journeys were only made possible through the streamlined construction of their longships. The royal longship from Haithabu harbour and the remains of two other wrecks are all exhibited in the Ship Hall in the Viking museum.

HAITHABU, drakkars

À bord de leurs célèbres drakkars, les Vikings partaient en exploration ou en raids, remontant par exemple la Seine jusqu'à Paris qu'ils assiégèrent ou le Rhin pour aller piller Cologne. Ils voguèrent jusque dans la Méditerranée et même jusqu'aux côtes est de l'Amérique du Nord. Ces longs voyages en mer n'étaient rendus possibles que grâce à la construction spéciale de leurs bateaux. La salle des drakkars du musée abrite le drakkar royal trouvé dans le port de Haithabu ainsi que les vestiges de deux autres épaves.

„Die Wikinger kommen zurück!" Unter diesem Motto trifft man jedes Jahr am ersten Augustwochenende auf raubeinige und Furcht einflößende Gesellen in Schleswig. Wenn hier die Wikingertage „ausbrechen", lassen 450 „Rotbärte" die alte Wikingermetropole Haithabu in einem Zeltdorf am Ufer der Schlei wiederauferstehen und demonstrieren den Alltag und die Raubzüge der Nordgermanen wie vor tausend Jahren: bei Schaukämpfen, Axtwerfen, Bogenschießen, als Handwerker, beim Bernsteinschleifen oder als Seefahrer in Wikinger-Langbooten auf der Schlei.

"The Vikings are back!" This is the slogan of an annual festival in Schleswig when formidable throngs of wild Vikings confront unwary visitors. The Viking Days erupt on the first weekend in August, when 450 redbearded warriors from the old Viking community of Haithabu rise from the grave and camp out on the banks of the Schlei to show how the north Germanic tribes went about their everyday life and their plundering expeditions a thousand years ago. There are mock battles with weapons, axe throwing, archery, craftsmen working, and fierce warriors navigating in Viking longships.

« Les Vikings sont de retour ! » Sous cette devise, chaque année durant le premier week-end d'août, des personnages à l'allure redoutable hantent les rues de Schleswig. Lors du festival viking, 450 « barbes-rousses » font renaître l'ancienne colonie Haithabu dans un village de toile sur une rive de la baie Schlei et montrent comment les Vikings vivaient il y a mille ans : tournois à la massue et à l'épée, lancers de haches et tir à l'arc, travaux d'artisanat à l'enclume ou taillage de l'albâtre, ou encore navigation sur des drakkars reconstitués dans la baie.

Wikingertage in Schleswig

Für Spannung und Unterhaltung sorgen außerdem Feuerfackelshows, Gauklereien und das „Wikingerrugby". Ein spezielles Kinderprogramm kümmert sich um eine „wikingergerechte" Beschäftigung der Kleinsten bei beispielsweise Würfelspiel, Kissenschlacht, Fladenbrotbacken und Runenschnitzen. Irish Folk Rock Bands, deftige Kost und flüssige Nahrung halten die Eltern bei guter Laune. Zu den wilden Wikingern gehören heutzutage übrigens auch weibliche Kämpfer – damals vermutlich undenkbar.

Viking Days in Schleswig

Excitement and entertainment is provided by torchlight shows, jugglers and Viking rugby. A special children's programme offers appropriate Viking amusements for younger visitors such as dice games, pillow fights, flatbread baking and rune carving. Irish folk rock bands, hearty food and liquid sustenance keep parents good humoured. Today female warriors can be found among the Viking hordes, doubtless inconceivable in days of yore.

Festival viking à Schleswig

En outre, des spectacles de torches, des saltimbanques et des matchs de « rugby viking » divertissent les visiteurs. Un programme spécial pour les enfants comprend des jeux de dés, la cuisson de galettes, le découpage de runes, mais aussi des batailles d'oreillers. Des groupes de musique folklorique et rock irlandais, une cuisine robuste arrosée à souhait contentent les parents pendant que les petits jouent aux « Vikings ». Des femmes participent également aux tournois – ce qui était sans doute impensable à l'époque des Vikings.

Ein besonderes Highlight für See- und Sehleute in der maritimen Küstenstadt Eckernförde ist die Aalregatta jedes Jahr im Mai, eine der ältesten Segelregatten Deutschlands mit Shanty-Chor, Räucher-Aalen und Tausenden Schaulustigen. – Für ein ganzes Wochenende alljährlich im August fällt Eckernförde schließlich den Piraten in die Hände: mit Piratenschnaps in Piratenspelunken, Piratenüberfällen unter dem Motto „Störtebeker lebt!" und mit Piratenbräuten bei Piratenparties – da bleibt kein Auge unter der Augenklappe trocken.

The Eel Regatta is a highlight in the calendar of the maritime coastal town of Eckernförde, and a must for visitors – sea and be seen, so to speak. Thousands of spectators attend this annual event in May, with one of Germany's oldest regattas, a shanty choir and smoked eels. Every year in August, Eckenförde is invaded by swash-buckling pirates for an entire weekend, with pirate schnapps served in pirate bars, pirate raids under the banner "Long live Störtebeker!", pirat-esses and pirate parties – till not a dry eye remains under the eyepatches.

Chaque année au mois de mai, la ville côtière d'Eckernförde est le théâtre des régates de l'Anguille, une des plus anciennes courses de voiliers d'Allemagne. Des milliers de spectateurs dégustent des anguilles fumées aux sons du Shanty-Chor. – Tous les ans, durant un week-end en août, Eckernförde tombe aux mains des pirates. Sous la devise « Vive Störtebeker ! », on fête le célèbre pirate avec du schnaps de pirate dans des tripots de pirates, dans les bras de fiancées de pirates et dans des soirées de pirates.

Mittenmang, wie man im Norden sagt, in Schleswig-Holstein und zwischen beiden Meeren liegt die einstige Festungsstadt Rendsburg, wo noch vor einem Jahrtausend der Fluss Eider die Reiche der Dänen und Römer trennte. Die „Blue Line" führt die Besucher heute mit blauer Farbe auf dem Pflaster auf drei Kilometer Länge durch die mittelalterliche Stadt rund um das Alte Rathaus und die Marienkirche, letztere aus dem 13. Jh. Besonders beachtenswert: Der Gasthof zum Landknecht in der Schleifmühlenstraße ist das älteste Bürgerhaus aus dem Jahr 1541.

In the very centre of Schleswig Holstein, between the North Sea and the Baltic, you will find the former fortress town of Rendsburg, where a thousand years ago, the River Eide marked the boundary between the lands of the Danes and Roman Empire. Today, visitors can follow the three kilometre long "Blue Line" that guides them through the medieval town around the Town Hall and the 13th century Marienkirche. The "Gasthof zum Landknecht" in Schleifmühlenstrasse is of particular interest. It is Rendsburg's oldest house and dates from 1541.

Au milieu ou, comme on le dit dans le Nord, « Mittenmang » du Schleswig-Holstein, entre les deux mers, s'étend l'ancienne ville fortifiée de Rendsburg, où il y a mille ans, le cours d'eau Eider séparait le royaume des Danois de celui des Romains. Sur trois kilomètres la « ligne bleue » tracée sur le pavé conduit les visiteurs à travers la cité médiévale, autour de l'ancien hôtel de ville et de l'église Notre-Dame du XIIIe siècle. À ne pas manquer : l'auberge « zum Landknecht » dans la rue dite Schleifmühlenstraße située dans la plus ancienne maison patricienne (1541) de la ville.

„Eiserne Lady" nennen die Rendsburger ihre Eisenbahnhochbrücke über dem Nord-Ostsee-Kanal: Unter der 1913 erbauten Konstruktion schieben sich Kreuzfahrtschiffe und Frachter hindurch. Wo sonst kann man sehen, wie die „Norwegian Dream" ihren Schornstein abklappt, um nicht die Brücken zu rammen! An der Schiffs-Begrüßungsanlage ertönt die Nationalhymne der Luxusliner, die Landesflaggen werden gehisst. Hier verkehrt auch noch immer die einzige Kanalschwebefähre Deutschlands: Seit hundert Jahren befördert sie Fußgänger und Autos.

Cruise ships and freighters pass under the high railway bridge over the Kiel Canal. Built in 1913, the bridge is locally nicknamed the "Iron Lady". Where else can one watch the "Norwegian Dream" lower her funnel in order not to ram a bridge? When a vessel passes the greeting point under the bridge, the appropriate national anthem is played and her national flag is hoisted. Beneath the great girders runs the remarkable transporter bridge, suspended on steel wires, which for a century has ferried pedestrians and up to six vehicles over the canal.

« Lady de fer » est le nom donné par les habitants de Rendsburg au pont de chemin fer qui franchit le canal mer du Nord-Baltique : sous le gigantesque pont métallique construit en 1913, passent les bateaux de croisière et les cargos, tel le « Norwegian Dream » qui doit rabattre ses cheminées pour ne pas heurter le pont haut de 42 mètres ! Au quai des paquebots, l'hymne national du navire arrivant retentit pour accueillir les géants des mers. Depuis une centaine d'années, l'unique bac volant encore en service en Allemagne transporte toujours piétons et voitures.

Mit jährlich rund 40.000 Schiffen ist der Nord-Ostsee-Kanal weltweit die meistbefahrenste künstlich geschaffene Wasserstraße. Um ganze 430 Kilometer verkürzt sich die achtstündige Fahrt bei der Passage durch den 99 Kilometer langen Wasserweg zwischen Brunsbüttel und Kieler Förde statt der Route um das dänische Kap Skagen. Zeit ist Geld: Die Reeder sparen auf dem Kanal anderthalb Tage und 27.000 US-Dollar Der Kanal wurde 1887 – 95 erbaut und später erweitert mit einer heutigen Wassertiefe vor elf Metern und einer Breite von 162 Metern.

With about 40,000 ships passing through a year, the Kiel Canal is the busiest man made navigable waterway in the world. The eight hour passage along the 99 kilometre long waterway between Brunsbüttel and Kiel Fjord reduces the sea route around Cape Skagen in Denmark by a substantial 430 kilometres. Time is money, and the canal saves shipping companies one and a half days and 27,000 dollars per trip. It was built between 1887 and 1895 and later enlarged to its present depth of eleven metres and width of 162 metres.

Emprunté annuellement par quelque 40 000 navires, le canal mer du Nord-Baltique est la voie maritime artificielle la plus utilisée au monde. Le trajet de huit heures sur le canal de 99 kilomètres entre Brunsbüttel et la Kieler Förde raccourcit de 430 km la route qu'il faudrait sinon emprunter autour du cap danois Skagen. Le temps vaut de l'or : grâce au canal, les armateurs économisent un jour et demi et 27 000 dollars US par bateau Construit de 1887 à 1895, le canal a été plus tard modernisé avec une profondeur d'eau actuelle de onze mètres et une largeur de 162 mètres.

Die schleswig-holsteinische Landeshauptstadt beeindruckt mit einer gehörigen Portion maritimen Flairs. Kein Wunder, denn sie erstreckt sich am Ende der 18 Kilometer langen „Förde" genannten Bucht. Hier beginnt der Nord-Ostsee-Kanal, von hier aus legen die Fähren nach Skandinavien und ins Baltikum ab und die Ausflugsdampfer starten in die Ostsee. Von hier stammen die Kieler Sprotten und die „Kieler Woche" als d a s Segelsportereignis. Und natürlich fehlt in Kiel nicht das Schifffahrtsmuseum in der alten Fischhalle am Hafen mit drei „Oldtimern".

The distinct maritime flair of the state capital of Schleswig-Holstein never fails to impress visitors. It's no wonder, for Kiel is located on the 18 kilometre long Kiel Fjord on the Bay of Kiel. This where the Kiel Canal begins, and where ferries put out to sea for Scandinavia and the Baltic countries and pleasure steamers set off for the Baltic. Kiel is famous for Kiel sprats and the "Kieler Woche", the world's greatest sailing event. Of course there is a maritime museum in Kiel in the old fish hall in the harbour, with three fine veteran ships.

La capitale du Schleswig-Holstein est une véritable ville maritime, s'étendant au bout de la baie « Kieler Förde » longue de 18 kilomètres. C'est ici qu'est l'entrée du canal mer du Nord-Baltique (Nord-Ostsee-Kanal), et que se trouvent les quais des ferries pour la Scandinavie et des bacs et bateaux de croisière pour la Baltique. La ville est aussi le berceau des sprats fumés et le théâtre de la célèbre « Semaine de Kiel » qui réunit les plus beaux voiliers. Kiel possède aussi bien sûr son musée « Schifffahrtsmuseum » installé dans l'ancienne halle de la criée sur le port.

KIEL, KIELER WOCHE

Seit 1882 segeln die Yachten aus aller Welt bei der „Kieler Woche" im Juni um die Wette: mit rund 5.000 Teilnehmern und drei Millionen Besuchern. Höhepunkt ist die Windjammer-Parade mit 110 Traditionsschiffen, Viermastern und historischen Großseglern, wie die berühmte, in Kiel beheimatete „Gorch Fock", das deutsche Segelschulschiff. Der größte Großsegel-„Oldtimer" ist das 117 Meter lange russische Schulschiff „Krusenstern". Aber auch Raddampfer, kleine Kutter und Rennkanus mischen sich bei der Segler-Prozession unter die Großen.

KIEL, KIELER WOCHE

Since 1882, yachts from all over the world have taken part in the "Kieler Woche" races in June. Three million visitors attend this event, which has about 5,000 participants. The climax is the windjammer parade, with 110 traditional yachts, four masters, and historic tall ships such as the famous Gorch Fock from Kiel, now a German Navy training vessel. The largest veteran tall ship is the 117 metre long Russian training ship "Krusenstern", but paddle steamers, small cutters and racing canoes also take part in the grand parade.

KIEL, KIELER WOCHE

Depuis 1882, des voiliers du monde entier rivalisent lors de la « Semaine de Kiel » qui a lieu en juin et réunit quelque 5 000 participants et trois millions de spectateurs. Un point d'orgue est la parade de 110 bateaux classiques, quatre-mâts et grands voiliers historiques tel le célèbre « Gorch Fock », aujourd'hui voilier-école de la marine allemande. Le plus grand voilier est le bateau-école russe « Krusenstern » long de 117 mètres. Mais d'anciens bateaux à vapeur, des petits chalutiers et des canoës accompagnent aussi le cortège des grands.

KIELER WOCHE mit der Gorch Fock ▷

FG
243

Die mehr als 750 Jahre Geschichte als Hafenstadt prägten auch stets das Schicksal von Kiel: Wegen der riesigen Werft, dem U-Boot-Bunker – bereits 1850 wurden die ersten U-Boote der Welt gebaut – und der Waffenfabriken, wurde Kiel im Zweiten Weltkrieg größtenteils von alliierten Bomben zerstört. — Einen Hauch vergangener Zeiten spürt der Besucher im Museum Molfsee mit seinen 70 nachgebauten Gebäuden südlich von Kiel: es ist das größte Freilichtmuseum Norddeutschlands mit wunderschönen Windmühlen, Bauernhöfen, Katen und einem Hallighaus.

Throughout the 750 years of its history, Kiel's fate has always been inextricably tied up with its role as a port. Its huge dockyards, its submarine bunker – the world's first submarine was built in Kiel in 1850 – and its arms factories made it a target in World War II, and more than two thirds of Kiel was destroyed in Allied bombings. — The Molfsee Museum south of Kiel, with its seventy reconstructed buildings, is evocative of a bygone age. It is the largest open air museum in Germany, with superb windmills, farmhouses, cottages and a Hallig house.

Ville portuaire depuis plus de 750 ans, Kiel a eu une histoire très mouvementée : à cause de ses chantiers navals, de son usine d'armements et de son bunker de sous-marins, Kiel fut détruite aux deux tiers par les bombardements alliés durant la Seconde Guerre mondiale. — Le visiteur part sur les traces du passé au musée Molfsee situé au sud de Kiel : le plus grand musée en plein air d'Allemagne du Nord abrite 70 édifices reconstitués dont de superbes moulins à vent, des fermes, des chaumières et une maison typique des Halligs.

Laboe am Ostufer der Kieler Förde lockt die Besucher als lebhaftes Familienbad mit breitem Strand und hübschem Hafen nordöstlich von Kiel. Erstmals wurde der Ort 1240 urkundlich erwähnt unter dem slawischen Namen „Lubodne", was soviel bedeutet wie Schwanenort – Schwan und Anker sind daher auch auf dem Wappen zu sehen. Und am Strand gibt es immer was zu gucken: Ganz nah vor der Küste verkehren die Frachter, Segler und Kreuzfahrtschiffe auf ihrem Weg durch die Kieler Förde zur Einfahrt in den Nord-Ostsee-Kanal.

The lively family resort of Laboe draws many visitors with its broad beach and attractive harbour. It is situated on the eastern shore of Kiel Fjord, north east of Kiel itself. Laboe was first recorded in 1240 under the Slavic name of Lubodne, meaning Place of Swans, which is why a swan and an anchor are depicted on its coat of arms. The view from the beach is always interesting, as you can watch freighters, yachts and cruise ships from close by as they make their way through Kiel Fjord to the entrance of the Kiel Canal.

Située sur la rive orientale de la Kieler Förde, au nord-est de Kiel, Labœ est une station balnéaire familiale très prisée avec une vaste plage de sable et un joli port. La localité est attestée pour la première fois en 1240 sous le nom slave « Lubodne » qui signifie à peu près « lieu des cygnes ». C'est ainsi qu'un cygne et une ancre ornent les armes de la ville. Le rivage offre un spectacle permanent : on peut voir passer tout près des côtes les cargos, voiliers et bateaux de croisière traversant la baie pour rejoindre l'entrée du canal de la mer du Nord-Baltique.

LABOE, Marine-Ehrenmal, U-Boot U995

Mit 85 Metern Höhe weithin sichtbar ist das Marine-Ehrenmal in Laboe, das seit 1936 der im Krieg gefallenen Seeleute gedenkt. Der auffällige Bau symbolisiert den Bug eines Wikingerschiffes und erinnert doch sehr an die Monumental-Architektur der Nazis. Dahinter am Strand liegt das U-Boot U 995. Beim Gang durch eines der letzten noch erhaltenen U-Boote des Zweiten Weltkriegs werden die bedrückende Enge und die Faszination der Technik spürbar. Im Torpedoraum sind Szenen des Films „Das Boot" von Wolfgang Petersen mit Herbert Grönemeyer und Jürgen Prochnow gedreht worden.

LABOE Marine Memorial,U-Boot U995

Laboe Marine Memorial, 80 metres high, was built in honour of seamen who died in the war. Visible from afar, this striking monument symbolises the bow of a Viking ship and is highly reminiscent of National Socialist monumental architecture. On the beach behind stands U-Boot U 995. It's a remarkable experience to pick your way through this last surviving submarine of World War II, with its intriguing technology and claustrophobic interior. In the torpedo room, Wolfgang Petersen shot scenes from "The Boat", with Herbert Grönemeyer und Jürgen Prochnow.

Monument de la marine,U-Boot U995

Haut de 85 mètres, le monument de la Marine qui domine Labœ, fut construit en 1936 à la mémoire des marins morts pendant la Grande Guerre. Il représente la proue d'un drakkar et rappelle aussi beaucoup l'architecture monumentale nazie. Sur le rivage derrière, on peut visiter le sous-marin U 995. En parcourant le dernier sous-marin allemand conservé de la Seconde Guerre mondiale, on ressent la fascination de la technique, mais aussi l'étroitesse opprimante du lieu. Des scènes du film « Le bateau » de Wolfgang Petersen avec Herbert Grönemeyer et Jürgen Prochnow ont été tournées dans la salle des torpilles.

OSTSEEBAD SCHÖNBERG

Den langen Strand von Schönberg am „Mare Balticum" beherrschen im Sommer Badenixen, Sandburgenkünstler und Wasserratten – wenn sie nicht die Sammlung der historischen Straßenbahnen im Museumsbahnhof bewundern. — Abwechslung vom Sonnenbaden an der Küste bietet auch ein Ausflug durch leuchtende Rapsfelder und Buchenwälder in die sanft hügelige „Holsteinische Schweiz": zum Beispiel zum Selenter See, einer von rund 200 Seen in der Region. Hier kann man ebenfalls ins Blaue abtauchen, sich aufs Surfbrett schwingen oder die Segel setzen.

The Baltic resort of SCHÖNBERG

In summer, the long beach of Schönberg on the Mare Balticum is populated by bathing beauties, sand castle artists and water rats – when they are not marvelling at the historic trams in the Rail Museum. — For a further alternative to sunbathing on the coast, you can, for instance, take a trip through the glowing oilseed rape fields and beechwoods of the rolling hills of Holstein Switzerland to Lake Selent, just one of about 200 lakes in the region. Here you also can dive into the waters, jump on a surfboard or hoist your mainsail.

SCHÖNBERG, station balnéaire

La longue plage de Schönberg sur la « Mare Balticum » est envahie en été par les naïades, les sculpteurs de châteaux de sable et les mordus de la nage, à moins qu'une bruine les oblige à aller admirer la collection de tramways historiques au musée de la gare — Pour changer des bains de soleil sur la plage, on peut partir en excursion à travers les champs de colza dorés et les forêts de hêtres dans les collines douces de l'arrière-pays, par exemple vers le Selenter See, un des quelque 200 lacs de la région. Ici aussi, on peut nager, surfer et même faire de la voile dans un cadre champêtre.

Selenter See / Lake Selent / Lac Selent ▷

Das Schloss Salzau am Selenter See entpuppt sich als bildschönes Tagungshotel, in dem der Gast durch historisches Ambiente in dem einstigen Herrenhaus lustwandelt. Im hier ebenfalls angesiedelten Landeskulturzentrum kann man beim Sonntagsbrunch die Galerie, Lesungen, Jazz-Konzerte und Werkstätten besuchen. — Ebenfalls Kultur pur bietet das Barockschloss Eutin (18. Jh.) am Eutiner See: Alljährlich im Juli/August werden im Schlossgarten die Eutiner Festspiele aufgeführt, zum Beispiel mit den Opern „Aida", „Carmen" oder „La Traviata".

Schloss Salzau on Lake Selent turns out to be a beautiful conference hotel where guests can stroll through the historic halls and absorb the atmosphere of this former mansion. The State Cultural Centre is also located here, and offers visitors a Sunday brunch with gallery visits, readings, jazz concerts and workshops. — The 18th century Baroque Schloss Eutin on Lake Eutin offers its own impressive cultural programme during the annual Eutin Festival in summer, with performances of operas such as "Aida", "Carmen" and "La Traviata" in the grounds.

Le château de Salzau sur le lac Selenter est en vérité un superbe hôtel, très apprécié pour des séjours de séminaires, qui offre une ambiance historique à ses hôtes. Il abrite également le centre culturel régional où, lors de brunchs dominicaux, on peut visiter la galerie ou assister à des lectures, des concerts de jazz et divers ateliers. — La culture est également à l'honneur au château baroque d'Eutin (XVIIe siècle) situé sur le lac du même nom : tous les ans, en juillet/août, le parc est le théâtre du festival d'Eutin avec des représentions d'opéras comme « Aïda », « Carmen » et « La Traviata ».

Inmitten einer herrlichen Wasserlandschaft aus mehreren Seen erstreckt sich das Doppelörtchen Bad Malente-Gremsmühlen. Auch hier dreht sich alles ums kühle Nass (es sei denn, die kickende deutsche Bundeself trainiert mal wieder vor Ort): Pfarrer Sebastian Kneipp hinterließ mit seinen Wasserheilkuren seine Spuren, nicht nur als Namensgeber einer Straße. Kneippsche Wechselbäder, Güsse und Wassertreten gehören zur Spezialität in dem „Kneippbad", wie der Kurort seit 1955 offiziell heißt.

In the middle of this wonderful watery landscape with its many lakes, you will find the amalgamated towns of Bad Malente and Gremsmühlen. Life here revolves around water, unless the national soccer team turns up for a training session. Since 1955 this resort has had the official status of a Kneipp spa, as the hydrotherapy cures of Sebastian Kneipp are employed here. A street is also named after him. Hot and cold baths and showers and water gymnastics are all part of the Kneipp method.

Deux petites communes réunies, Bad Malente-Gremsmühlen s'étendent au cœur d'un superbe paysage de lacs. Ici aussi, toute la vie tourne autour de l'eau sauf lorsque l'équipe de football nationale y fait retraite pour s'entraîner. Le pasteur Sebastian Kneipp, inventeur d'une méthode particulière de cure d'eau, n'a pas seulement laissé son nom à une rue, mais aussi aux thermes officiellement appelés « Kneippbad » depuis 1955, qui offrent tous les traitements d'hydrothérapie Kneipp (jets et applications d'eau, marches dans l'eau, etc.).

Ausgiebig Platz für Segelyachten, Kanus, Fünf-Seen-Dampfer, für Surfer, Badefreunde und Angler bietet der Plöner See: das mit 30 km^2 größte Binnengewässer in Schleswig-Holstein. Auf einem Hügel über dem Luftkurort Plön am Ufer thront das gleichnamige Schloss, das Herzog Joachim Ernst ab 1633 im italienischen Spätrenaissancestil errichten ließ. Das Anwesen ist leider für Besucher nicht geöffnet, aber im Schlossgarten und seinem „Prinzenbau", einem Rokoko-Palais, finden regelmäßig Konzerte, Lesungen, Ausstellungen und Tagungen statt.

The Great Plön Lake, covering an area of 30 square kilometres, is Schleswig Holstein's largest inland lake, and offers ample space for yachts, canoes, lake steamers, surfers, swimmers and anglers. On a hill above the climatic health resort of Plön stands the imposing Schloss Plön, begun by Duke Joachim Ernst around 1633 in Late Italian Renaissance style. The palace itself is unfortunately closed to the public, but concerts, reading, exhibitions and conferences take place regularly in the grounds and in the Prince's Residence, a Rococo mansion.

Bateaux à voile, canoës, bateaux à vapeur, surfers, baigneurs, pêcheurs : vaste de 30 kilomètres carrés, le plus grand lac du Schleswig-Holstein a assez de place pour tout le monde. Sur une colline dominant la station climatique de Plön située sur une rive du lac, se dresse le château de Plön, que le duc Joachim Ernst fit ériger en style Renaissance italienne à partir de 1633. L'édifice est fermé au public, mais dans le parc du château et dans son pavillon baroque « Prinzenbau » ont lieu des concerts, des soirées culturelles, des expositions et des séminaires.

Wer per Drahtesel auf dem „Ochsenweg" unterwegs ist – dem Pfad der Ochsentreiber, Soldaten und Wikinger – gelangt unweigerlich nach Neumünster. Damals wie heute ein Verkehrsknotenpunkt, und zudem hat sich das Städtchen einen Namen gemacht als Hochburg von Pferdezüchtern und Turniersportlern. — Weit über die Landesgrenzen hinaus bekannt ist Bad Segeberg: Wer denkt nicht sofort an Winnetou und Old Shatterhand, die sich in der Felsenkulisse des Freilufttheaters seit mehr als 50 Jahren bei den Karl-May-Spielen aufs Neue verbrüdern.

Anyone who cycles along the "Ochsenweg", at one time an old drovers' road also used by Vikings and the military, will inevitably arrive in Neumünster. As in bygone days, this is an important traffic junction, and in addition, the little town has made a name for itself as a major centre of horse breeding and equestrian events. — Bad Segeberg is well known beyond state borders, because for over fifty years, the Karl May Festival has taken place here against the rocky backdrop of the open air theatre, with reenactments of May's classic cowboy tales.

Les randonneurs à vélo ou à pied qui empruntent le « Ochsenweg », jadis chemin des maquignons, soldats et Vikings – rejoignent automatiquement Neumünster. Aujourd'hui comme autrefois, la ville est un carrefour de communications et s'est faite un nom dans l'élevage des chevaux et les tournois équestres. — Bad Segeberg est connue bien au-delà des frontières du Schleswig-Holstein : c'est ici que depuis plus de 50 ans, se déroulent, dans un immense théâtre de plein air, les aventures de Winnetou et Old Shatterhand, héros des romans de Karl May.

Bad Oldesloe wurde bereits 1151 als „Todesloe" urkundlich erwähnt. Einst ein wichtiger Umschlagplatz zwischen den Hansestädten Hamburg und Lübeck, gelegen am Zusammenfluss von Trave und Beste, besaß der Ort damals schon eine Zollstation. Ein Hafen- und Treidlerfest lässt die mittelalterlichen Zeiten alle paar Jahre wiederauferstehen. Nach Eröffnung der Bahnlinie wurde die für den Ost-West-Handel so wichtige Traveschifffahrt 1865 eingestellt. Das schön restaurierte Altstadtviertel Heilig-Geist wird idyllisch von Bächen, Kanal und Fluss durchzogen.

Bad Oldesloe was first recorded in 1151 as "Todesloe". Situated at the confluence of the Trave and Beste, the settlement had a toll station even at that time. Once it was an important terminal between the Hanseatic towns of Hamburg and Lübeck, and medieval history is occasionally revived here in the harbour and towman festival. The advent of steam in 1885 brought an end to the shipping on the Trave that had once been crucial for east west trade. The finely restored Heilig Geist quarter of the Old Town is traversed by streams, the canal and the river.

Bad Oldesloe est attestée dès 1151 sous le nom de « Todesloe ». Jadis place de transbordement majeure entre les villes hanséatiques de Hambourg et Lübeck, la cité située au confluent de la Trave et la Beste, posséda très tôt un péage. De temps à autre, des fêtes populaires font revivre l'époque médiévale avec ses activités marchandes et maritimes. Après l'ouverture de la ligne de chemin de fer, on abandonna en 1865 la navigation fluviale sur la Trave qui avait été si importante pour le commerce est-ouest. Le vieux quartier Heilig-Geist est superbement restauré.

Das kleine beschauliche Neustadt besitzt eine außergewöhnliche Attraktion: Der Pagodenspeicher am Neustädter Binnenwasser trägt seinen exotischen Namen nicht zu Unrecht. Mit dem asiatisch wirkenden, mehrfach gestaffelten Walmdach, in dem sich Luken zur Belüftung befinden, sollte einst das Getreide besser trocknen. Der Kornspeicher ist bereits 1829 aus Backsteinen und Fachwerk errichtet worden. Sehenswert ist auch die dreischiffige Neustädter Stadtkirche mit ihrem prächtigen Altar im holländischen Renaissancestil aus dem 13. Jh.

In the tranquil little town of Neustadt, the most unusual visitor attraction is the pagoda granary, situated beside the inner harbour. It certainly lives up to its exotic name, for its multi tiered hip roof with openings for ventilation looks quite Asiatic, though it was in fact originally designed to dry grain more efficiently. The granary, with its brick and timber frame construction, was erected in 1829. Also well worth a visit is the 13th century three naved Neustadt town church with its splendid altar in Dutch Renaissance style.

La petite ville paisible de Neustadt abrite une attraction singulière : l'entrepôt Pagode qui porte dignement son nom exotique. Situé sur le port, le bâtiment en briques et colombages datant de 1829 est surmonté d'un toit en pagode qui lui confère un aspect asiatique. Des ouvertures dans les pans du toit permettaient un meilleur séchage des céréales qui y étaient stockées. À voir également est l'église paroissiale de cette agréable ville portuaire : un édifice à trois nefs du XIIIe siècle qui abrite un magnifique autel de style Renaissance hollandaise.

Seit 1949 darf sich Grömitz „Ostseeheilbad" nennen – dabei „tanken" die Badegäste hier schon seit rund 200 Jahren salz- und jodhaltige Seeluft an dem acht Kilometer langen Sandstrand. Und die Kultur kommt dabei auch nicht zu kurz: Sogar im Vergnügungsbad „Grömitzer Welle" an der Kurpromenade kommen Piano und Violine zum Einsatz – bei der „Klassik-Passage" im Sommer. Wem der Rummel am Strand und im Wellenbad zuviel wird, der hat gute Chance zu flüchten: 400 Meter weit ins Meer auf einer der längsten Seebrücken an der Ostsee.

Since 1949 Grömitz has officially been known as a Baltic spa, though visitors have benefited from inhaling the salty, iodized sea air of the sandy, eight kilometre long beach for about 200 years. Culture plays its part here too, and the sound of the piano and violin can even be heard in the Grömitzer Welle amusement pool on the promenade, at least in the Klassik Passage in summer. If the crowds on the beach and in the wave pool became too daunting, try strolling along the 400 metre long pier, one of the longest on the Baltic.

Depuis 1949, Grömitz a le droit de se nommer « station hydrothérapique de la Baltique ». Mais il y a 200 ans déjà, les curistes venaient respirer l'air iodé et salé sur la plage de 8 kilomètres. Ici, la culture est aussi à l'honneur : même dans le complexe aquatique « Grömitzer Welle » sur la promenade des thermes, on se baigne aux sons du piano et des violons lors du « Klassik-Passage » qui se déroule en été. Pour échapper à toutes ces activités estivales, le plus long ponton (400 mètres) de la mer Baltique offre un refuge sûr.

Oldenburg ist eine der ältesten Städte und besitzt einen der bedeutendsten archäologischen Schätze des Bundeslandes: Vor mehr als tausend Jahren entstand hier im 7. Jh. die mächtige slawische Fürstenburg und Ringwallanlage „Starigard", was so viel wie „alte Burg" bedeutet – Oldenburg. Damals war der Ort ein Seehafen, wie Adam von Bremen im 11. Jh. berichtete. Im Wallmuseum wird slawischer Alltag anschaulich dargestellt mit einem Diorama-Model, Töpferwaren, Waffen, Schmuck und sogar einem nachgebauten slawischen Handelsschiff.

Oldenburg is one of the oldest towns in the state and has one of its foremost archaeological treasures. The mighty fortress of Starigard with its ringed enclosure was built over a thousand years ago in the 7th century. Starigard means old castle, and from this derives the present name of Oldenburg. At that time the town was a sea port, according to the 11th century chronicler Adam of Bremen. The Wallmuseum shows the daily life of the Slavs, with a vivid diorama and examples of weapons, jewellery and even a reconstructed Slavic cargo vessel.

Ville très ancienne, Oldenburg abrite un des trésors archéologiques les plus précieux de la région : au VIIe siècle, fut érigée ici « Starigard », puissante forteresse princière slave, entourée de remparts. Son nom slave signifiait « ancien fort », traduction de Oldenburg. À l'époque, l'endroit était un port, ainsi que le rapporte Adam von Bremen au XIe siècle. Au musée Wallmuseum, on peut apprendre beaucoup sur la vie quotidienne des Slaves grâce à un diorama, des céramiques, des armes, des bijoux et même un navire marchand slave reconstitué.

Zwei moderne Yachthäfen mit 800 Liegeplätzen, ein vier Kilometer langer und breiter Sandstrand, die größte Hochseeangelflotte Europas – das maritime Flair im Ostseeheilbad Heiligenhafen ist unübersehbar. — Von hier ist es nur ein Katzensprung auf die Urlauberinsel Fehmarn mit ihren zahlreichen Attraktionen für Jung und Alt: das Meereszentrum mit Haien und farbenfrohen Fischen, Deutschlands größte Modelleisenbahn, Piratenland, Hochseilgärten, Harley-Davidson-Treffen, Golfclub, Kitesurfschule und die feinsandigen Strände. Da ist für jeden was dabei.

With two modern 800 berth marinas, a wide, four kilometre long sandy beach and Europe's largest deep sea fishing fleet, the Baltic resort of Heiligenhafen enjoys a distinctive maritime flair. — From here it's a stone's throw to the holiday isle of Fehmarn, with its countless attractions for young and old. There is a maritime centre with sharks and tropical fish, Germany's largest model railway, "Pirateland", a high ropes course, Harley Davidson meetings, a golf club, kite surf school, and last but not least, beaches of fine sand – something for everyone.

Deux ports de plaisance modernes avec 800 places de mouillage, une vaste plage de quatre kilomètres, la plus grande flotte de pêche en haute mer : la mer joue le rôle principal dans la station de balnéothérapie de Heiligenhafen. — De là, il n'y a que quelques pas jusqu'à l'île touristique de Fehmarn, avec ses nombreuses attractions pour petits et grands: le centre maritime avec ses requins et ses poissons colorés, la plus grande maquette de chemin de fer d'Allemagne, l'aire de jeu des pirates, des parois de grimpe, des écoles nautiques et bien sûr de superbes plages.

△ INSEL FEHMARN, Südstrand

▽ Meereszentrum-Aquarium, Anemonenfische, Haifisch ▽

△ Insel Fehmarn, Yachthafen

1963 wurde die Fehmarnsundbrücke eröffnet und verbindet seitdem Fehmarn mit dem Festland – gleichzeitig dient sie als Wahrzeichen der beliebten Ferieninsel. Fehmarn ist die größte aller schleswig-holsteinischen Eilande, aber nur die zweitgrößte deutsche Insel nach Rügen. Wer hier nicht nur auf der faulen Haut in der Sonne schmoren will (auf einem der sonnenreichsten Flecken Deutschlands mit bis zu 1.900 Stunden im Jahr!), hat die Qual der Wahl.

Nur zwei Vorschläge: Wer schon immer am eigenen Leib erfahren wollte, was es mit dem unendlichen Raum, der Gravitation und der Doppelhelix auf sich hat – die „Experimenta", das „verrückte Labor", erklärt mit 3-D-Shows Phänomene aus Natur und Technik. Alte Rocker zieht es womöglich magisch nach Fehmarn: Auf der Insel liegt ein Gedenkstein für niemand Geringeres als Jimi Hendrix. Der legendäre Musiker gab beim „Love & Peace Festival" auf Fehmarn im September 1970 sein letztes Konzert auf Erden.

Und so beenden auch wir in der Ostsee nun die Rundreise und kehren wie tausende Vögel im Herbst auf der Vogelfluglinie zum Festland zurück. Auch wenn vieles bei der Fülle der Attraktionen in Schleswig-Holstein unerwähnt bleiben musste, denken Sie daran: Es gibt stets einen Grund auf eigene Faust zurückzukehren. Diese Bilder-Reise gibt Ihnen sicher viele Anregungen für Ihre Reiseplanung. Vielleicht zieht es sie auch immer wieder nach Schleswig-Holstein, dem Land mit zwei Küsten und gesunder Seeluft.

In 1963 the bridge over Fehmarn sound was opened. It not only connects Fehmarn with the mainland but also serves as a familiar landmark of this popular holiday island. Fehmarn is the largest island in Schleswig Holstein, and the second largest in Germany after Rügen. Regarding leisure time, if you don't fancy being frazzled on the beach – this is one of the sunniest places in Germany, with up to 1,900 hours of sunshine a year – you will be spoilt for choice.

Two suggestions: if you have ever wanted to know more about infinite space, gravitation and the double helix, try Experimenta, where 3 D shows in the Crazy Laboratory provide explanations of natural and scientific phenomena. Aging rockers are drawn to Fehmarn as if by magic, for here there is a memorial to no less than Jimmi Hendrix. The legendary musician gave his final concert at the Love and Peace Festival on Fehmarn in September 1970.

And it is here in the Baltic that we come to the end of our tour through Schleswig-Holstein, and return like migrating birds to the mainland. Even if there has only been space to mention a selection of the enormous range of visitor attractions in Schleswig Holstein, don't forget, there's always a reason to return on your own initiative. We hope that this pictorial excursion has provided some stimulating ideas for planning a journey of your own.

Inauguré en 1963, le pont « Fehmarnsundbrücke » relie Fehmarn au continent, et est devenu l'emblème de l'île touristique très populaire. Fehmarn est la plus grande des îles du Schleswig-Holstein, et la seconde île allemande après Rügen. C'est également un des endroits les plus ensoleillés d'Allemagne avec 1 900 heures de soleil par an. Par ailleurs, les vacanciers qui ne veulent pas prendre des bains de soleil à longueur de journée ont l'embarras du choix.

Voici deux propositions : ceux que captivent l'espace, les lois de la gravitation ou le double hélix iront à l' « Experimenta », où des représentations tridimensionnelles leur expliqueront tout sur la technique et la nature ; les rockers nostalgiques iront eux se recueillir au monument à la mémoire de Jimi Hendrix, le légendaire musicien qui donna son dernier concert sur terre à Fehrmarn au « Love & Peace Festival » en septembre 1970.

Nous aussi terminons notre périple dans la Baltique, et retournons sur le continent par le chemin de fer « Vogelfluglinie » qui doit son nom romantique aux milliers d'oiseaux migrateurs qui suivent cette route en automne. Le Schleswig-Holstein a tant d'attractions naturelles et culturelles que toutes n'ont pu être mentionnées, mais ce voyage photographique donne au moins un aperçu des beautés de cette région, et sans aucun doute, l'envie de partir à sa découverte.

ZIETHEN-PANORAMA VERLAG
D-53902 Bad Münstereifel · Flurweg 15
Telefon: (0 22 53) 6047 · Fax: (0 22 53) 6756
www.ziethen-panoramaverlag.de

Neuauflage 2008

Redaktion und Gestaltung: Horst Ziethen
Textautoren: Martina Miethig
Englische Übersetzung: Gwendolen Webster
Französische Übersetzung: France Varry

Produktion: ZIETHEN-PANORAMA VERLAG

Printed in Germany

ISBN 978-3-93432-886-0

BILDNACHWEIS / TABLE OF ILLUSTRATIONS / TABLE DES ILLUSTRATIONS

	Seiten:
DPA	/Roessler: 9, /Seelhoff: 11, /Kreder: 13b, 96, /Huber: 17, 46, 58+Rücktitel u. li, 59, 76b+d, 76c+Rücktitel u. re., 79 u. Titel o.r., 82, 98, /Langenstrassen: 18b /Lade: 30, /Gambarini: 32, /DB Repower: 43, /Richters: 45a, /Pfeiffer: 48, 101, /HB-Verlag: 65, /K.-H. Raach: 66, /Hager: 109b
BA Schapowalow	69b, 102, /Kliem:12, /Huber: 15, 18c, 23, 26, 44, 45b, 55a, 57a, 73, 75, 107, /Menges: 21a, 109a, /Waldkirch: 28b, Titel u.re, /Jensen: 49
Das Luftbildarchiv; Wennigsen	10, 18a, 35, 40, 69a, 72, 74, 77, 84 + Rücktitel o. re, 87, 113, 117a, 120
HB-Verlag	53, 55b, 67b+c, 76a, /K.-H. Raach: 36, 70b, 80b+c, /Kluyver: 52b, 64
Fridmar Damm:	27, 37, 38, 39, 50, 51, 56+Rücktitel o. li., 85, 86, 103

Photoarount / Dr. Holger Schulz: 57b, 67a, 68a+c, 70a, 78a+b · BA Visum/aufwind-Luftbild: 25, 42, 71, /Müller:120b · Bilderberg Zielske: 14, 54, 108, /Grames: 22, /Boettcher: 24 · BA Mauritius Krüger: 19, /imagebroker.net: 33, /Waldkirch: 97, /Hänel: 116 · BA Argus: 119f, /Schwarzbach: 41, 60, 63 · Stuttgarter Luftbild: 81, 88, 99, 111 · Restaurant Schiffergesellschaft: 13a · LOOK-foto/Karl Johaentges: 16, 119a · Werner Otto: 18d · Stadt Ratzeburg: 20 · Helga Lade: 100, /Ott: 21b · Horst Ziethen: 28a · Friedel-Luftbildfotografie: 29, 31 · Rolf Hohnsbehn: 34 · rtn - peter wüst: 47 · BA Blume: 52a, /Otto: 114 · A1PIX / AAC: 61 · BA Ullstein/Imagebroker: 62, /C.T. Fotostudio:120a · Getty Images/Nadine Rupp: 80a · Museumshafen Flensburg e.V.: 83 (4) · Landesmuseum Schloss Gottorf: 89 (4), 90 · Wikinger Museum Haithabu: 91 a,b+d, 92 · BA Agenta: 91c · Bernd Schmidt: 93 + Titel u.r., 94(2) · Stadt Eckerförde: 95 (3) · Kurbetrieb Laboe: 104, 105a · UP-Verlag: 105b · BA Caro/Korth: 106, 110 · Peter Vogel: 112 · Foto Poppke: 115 · Wallmuseum Oldenburg, Holstein: 117 b+c · Tourismus-Service Heiligenhafen: 118 · BA Huber: 119b · Siegfried Kuttig: 119c · F1 online: 119d · BA Laif/Jonkmanns: 119e · Greiner u. Meyer: Titel o.re.

Historische Karte auf der Nachsatzseite: Archiv ZIETHEN-PANORAMA-VERLAG, Bad Münstereifel
Aktuelle Karte auf den Vorsatzseiten: ©TOURISMUS-AGENTUR SCHLESWIG-HOLSTEIN
Tel: 01805 / 600604 (€ 0,14/Min./ bei Anrufen aus Mobilfunknetzen sind abweichende Preise möglich), E-Mail: info@sht.de - www.sh-tourismus.de

Fridericia
Middelfart
Bogense
Odense
SEELAND
Soroe
Slagelse
Ringsted
Kiöge
Nebel
Holsted
Veerst
Hierling
Sneum
Folding
Kolding
Hunderup
Graae Dyb
Fan Öe
Ribe
Skodborg
Christiansfeld
Brandsö
Vissenbierg
Bellinge
Kierteminde
Rönninge
Antvorskov
Fyeberg
Freerslöv
Corsör
Taastrup
Flakkebierg
Skielskör
Saltöe
Nestved
Herlufsholm
Manöe
Fohl
Thystrup
Hadersleben
Baagö
FYEN oder FÜNEN
Assens
Nyborg
Orbek
Söllinge
Kiöng
Thoröe
Aaröesund
Gram
Spandet
Skrydstrup
Hammelev
Hoptrup
Riper Tiefe
Romöe
Skiärrebek
Arrild
Gjenner
Barsöe
Helnaes
Bogden
Trolleborg
Brahe
Faaborg
Svendborg
Quernbrup
Güslev
Gudbierg
Egeholm
Omöe
Agersöe
Glänöe
Dybsöe
Praestöe
Lister Tiefe
Ballum
Bedstedt
Augustenhof
Nordburg
ALSEN
Lugumkloster
Emmerlev
Apenrade
Lyöe
Avernaköe
Thorö
Thronse
Taasinge
Tranekiär
Vairoe
Fämoe
Knuds Hoved
Vordingborg
Sylt
Vesterland
Hover
Abel
Mögeltonder
Tondern
Seth
Ensted
Warnitz
Reventlow
Klipleff
Gravenstein
Rinkenis
Augustenburg
Söeby
Rudkiöbing
Spodsbierg
Fayöe
Askiö
Vixnaes
Taars
Nakskow
Stokkemarke
Gulborg
Stubbekiöbing
SCHLESWIG
Klanxbüll
Lügum
Sonderburg
Aeröeskiöbing
Aeröe
Marstal
Langeland
Halsted
Marieboe
Hillested
Saxkiöbing
FALSTER
Nykiöbing
LAALAND
Rödbye
Nysted
Sädinge
Sundbye
Leck
Medelbye
Flensburg
Glücksburg
Nyekirke
Birknakke
Gelting
Husbye
Fakkebierg
Föhr
Wyck
Oland
Stedesand
Ockholm
Gr. Wiehe
Oversee
Gr. Solt
Satrup
Schley
1. Strynöe
2. Birkholm
3. Dreyöe
Rothe Tiefe
Amrum
Langenes
Langenhorn
Wanderup
Ang Cappeln
Arnis
Bredstedt
Nord Marsch
Gröde
Hoge
Drelsdorf
Idstedt
Tolk
Schwansen
Viöl
Gottorf
Missunde
Waabs
Norder Oog
Pelworm
Süder Oog
Hattstedt
Husum
Schleswig
Kosel
H.I. Gieddes öre
Hyllekrog
Giedde
Gieddeser Odde
Petersdorf
Burg
I. Femern (Fehmarn)
Nordstrand
Hollingstedt
Treya
Dannewerk
Haddeby
Lusenland
Eckernförde
Bülk
Koldenbüttel
Schwabstedt
Kropp
Dänischenhagen
Friedrichsort
Schönberg
Gr. Brode
Heiligenhafen
Fehmersund
Oldensworth
Garding
Friederichstadt
Düsternbrook
Neumühlen
Hever Strom
Tönning
Lunden
Erfde
Flemhude
Westensee
Kiel
Seelent
Lütjenburg
Oldenburg
Hohn
Rendsburg
Schierensee
Rasdorf
Blekendorf
Preetz
Hansühn
Lensahn
Grube
Cismar
Eider
Weslingburen
Heide
Jevenstedt
Lebrade
Nüchel
Schönwalde
Warnemünde
Nord Hastedt
Bordesholm
Brügge
Wöhrden
Albersdorf
Nortorf
Eiderstede
Plön
Eutin
Grömitz
Seebad
Doberan
Busum
Meldf
Hademarschen
Hohenwestedt
Neumünster
Ascheberg
Bösau
Süsel
Neustadt
Norder Elbe
Elbe
Schenefeld
Bornhöved
Ditmarschen
Hastedt
Holstein
Gnissau
Sarau
Ahrensböck
Poel
Neu Bukow
Weser
Marne
Burg
Hohenaspe
Kellinghusen
Bramstedt
Segeberg
Travemünde
Klütz
Wismar
Brunsbüttel
Wilster
Itzehoe
Segeb. Heide
Travendahl
Schwartau
Dassow
Neuwerk
Cuxhaven
Breitenburg
Hörnerkirchen
Stormarn
LÜBECK
Schlutup
Schönberg
Grevismühlen
MEKLEN
Bützow
Ritzebüttel
Brokdorf
Crempe
Kaltenkirchen
Reinfeld
Wulfsdorf
Otterndorf
Neuhaus
Freyburg
Glückstadt
Horst
Barmstedt
Oldesloe
Gr. Grönau
Herrenburg
Rehna
Hadeln
Kehdingen
Elmshorn
Ulzburg
Rethwisch
Tremsbüttel
Ratzeburg
Hzth. Bremen
Ranzau
Quickborn
Ahrensburg
Gadebusch
Seester
Uetersen
Pinneberg
Siek
Schönbg.
Nusse
Mölln
Schwerin
Warnow
Relling
Rahlstedt
Trittau
Schaal S.
Bremerlehe
Wedel
Wandsbeck
Blexen
Bremerhafen
Stade
Altona
HAMBURG
Sachsenwald
Lauenburg
Zarrentin
Blankenese
Steinbeck
Bergedorf
Schwarzenbeck
Rosebg.
Büchen
Wittenburg
Jadebusen
Cranz
Moorburg
Bremervörde
Buxtehude
Haarburg
Vierlande
Geesthacht
Oldenburg
Varel
Zollenspieker
Elbe
Hagenow
Berlin
HANNOVER
Hoopte
Artlenburg
Lauenburg
Boitzenburg
Braake
Winsen